长江安徽段

江河联运图集

长　江　航　道　局
安徽省交通运输厅　主编

人民交通出版社股份有限公司
北京

图书在版编目（CIP）数据

长江安徽段江河联运图集 / 长江航道局，安徽省交通运输厅主编. -- 北京：人民交通出版社股份有限公司，2023.10

ISBN 978-7-114-18946-3

Ⅰ.①长… Ⅱ.①长… ②安… Ⅲ.①长江—水路运输—联合运输—安徽—图集 Ⅳ.①U697.31-64

中国国家版本馆CIP数据核字(2023)第155409号

Chang Jiang Anhuiduan Jianghe Lianyun Tuji

书　　名：长江安徽段江河联运图集
著 作 者：长江航道局　安徽省交通运输厅
责任编辑：黄蕊
责任校对：孙国靖　宋佳时
责任印制：张凯
出版发行：人民交通出版社股份有限公司
地　　址：（100011）北京市朝阳区安定门外外馆斜街3号
网　　址：http://www.chinasybook.com
销售电话：（010）64981400，59757915
总 经 销：北京交实文化发展有限公司
印　　刷：南京璇坤彩色印刷有限公司
开　　本：889×1194　1/8
印　　张：12.5
字　　数：170千
版　　次：2023年10月　第1版
印　　次：2023年10月　第1次印刷
书　　号：ISBN 978-7-114-18946-3
审 图 号：皖S（2023）8号
定　　价：450.00元

《长江安徽段江河联运图集》编辑委员会

主　　任： 徐　伟　聂爱国
副 主 任： 张俊平　孙革新
秘 书 长： 毛世红　马朝阳
委　　员： 杨品福　黄莉芸　杨保岑　李　昱　包卫东　张建春　徐闻东　徐家兵
李　森　盛锦付　余庭国　江　荣　连　河　胡俊勇　金永祥

《长江安徽段江河联运图集》编辑部

主　　编： 毛世红　马朝阳　杨红雷
副 主 编： 李　昱　刘玉金　包卫东　方　吉
责任编辑： 张文强　张　旭　张　华
生产统筹： 汪闩林　王　军
设　　计： 张　旭　徐业荣
调　　绘： 张文强　林雪峰　李光林　汪寅生　忽永弟　赵　亮　陈　捷　包　为
杨亦勐　徐兴旺　刘继祥
制　　图： 张　婧　周文俊　刘　冉　洪德玫　汪开平　王元楚　周子薇　徐秋朵
吕若昀　姚　丽　陈有婷　陈　媛　王　莹
文字撰写： 郝　健　林　超
装帧设计： 杨　盛
图片供稿： 温喜民　储灿林　朱东旭
审　　校： 汪　正　施　翔　王华俊　龚　波　张子航　胡山松　程　越　王治勇
蔡传勇　梅龙安　刘能峰　邢维柏　朱东旭　姚　竞
审　　订： 张建春　张　琴　熊金宝　林　超　方　向　叶小心　徐家虎　钱　行
陆　鑫　袁红喜

《长江安徽段江河联运图集》编辑单位

主编单位： 长江航道局　安徽省交通运输厅
参编单位： 长江芜湖航道处　安徽省地方海事(港航)管理服务中心
合肥市地方海事(港航)管理服务中心
马鞍山市港航(地方海事)管理服务中心
芜湖市港航(地方海事)管理服务中心
铜陵市地方海事(港航)管理服务中心
池州市地方海事(港航)管理服务中心
安庆市港航管理服务中心
地图编制： 南京星光测绘科技有限公司

序 XU

长江，发源于“世界屋脊”——青藏高原的唐古拉山脉各拉丹冬峰西南侧。春来雪融，涓流成河，汇流化江，劈山穿峡，一路向东，经青海、西藏、四川、云南、重庆、湖北、湖南、江西、安徽、江苏、上海等11个省（区、市），于上海市以北汇入东海，全长6300余千米。

长江，母亲河，中华文明发展的摇篮。远古先民依水而居，因江而兴，奠基了中华文明的灿烂与辉煌。千百年来，以水为纽带，连接上下游、左右岸、干支流，带给世世代代的人们灌溉之利、舟楫之便、鱼米之裕，始终在我国经济社会发展中占有重要地位。习近平总书记指出：“长江造就了从巴山蜀水到江南水乡的千年文脉，是中华民族的代表性符号和中华文明的标志性象征，是涵养社会主义核心价值观的重要源泉。要把长江文化保护好、传承好、弘扬好，延续历史文脉，坚定文化自信。”①

习近平总书记强调：“长江流域要加强合作，充分发挥内河航运作用，发展江海联运，把全流域打造成黄金水道。”② 长江通道，是中国国土空间开发最重要的东西轴线，在区域发展总体格局中具有重要战略地位，建设长江经济带要坚持一盘棋思想，理顺体制机制，加强统筹协调，更好发挥长江黄金水道作用，为全国统筹发展提供新的支撑。

党的十八大以来，建设“综合立体交通走廊”的路径愈加清晰，国务院《关于依托黄金水道推动长江经济带发展的指导意见》明确，建成安全便捷、绿色低碳的综合立体交通走廊，为长江水运、沿江经济吹响高质量发展的号角。当前，长江航道部门加快推进“畅安优智美”新航道现代化建设，以长江航道现代化助力交通、当好中国现代化开路先锋。

大江奔流，不舍昼夜。长江，在安徽境内蜿蜒416千米，素有“八百里皖江”之称。皖江具有承东启西、接南连北的区位优势，东接12.5米深水航道，西揽“645”重要通道，沿江城市布局和产业特点十分突出，是长三角一体化和长江经济带重要组成部分。为更好地服务国家发展

① 习近平在全面推动长江经济带发展座谈会上强调 贯彻落实党的十九届五中全会精神 推动长江经济带高质量发展，载《人民日报》，2020年11月16日01版。

② 习近平：坚定不移全面深化改革开放 脚踏实地推动经济社会发展，载《人民日报》，2013年07月24日01版。

战略，安徽省依托黄金水道加快构建内畅外联的现代化综合运输体系，水路运输成绩非凡，2022年港口吞吐量超过6亿吨，稳居全国首位，其中长江干线的芜湖、马鞍山、池州等港口，始终保持亿吨大港的地位。目前，安徽省交通运输厅与长江航务管理局正式签署共建长江安徽航运高质量发展战略合作协议，水运港口航道建设如火如荼，航运大省正向航运强省迈进，高质量发展的步伐更加坚实。

为助力安徽航运高质量发展，在长江航道局和安徽省交通运输厅的合力推进下，《长江安徽段江河联运图集》应运而生。该图集以地理空间信息为基础，运用地图语言，对长江安徽段航运情况进行了全景式呈现，突出长江经济带黄金水道与安徽省的关系现状，科学反映安徽省区域资源环境、社会经济的基础现状，以及宏观规划的总体布局，既方便政府管理和科学研究，也可以作为在长江安徽段干支流航行船舶的实用型工具书。

《长江安徽段江河联运图集》编辑委员会

2023年10月

目录

第一篇

总 览

第二篇

分类专题

第三篇

“一城一港”

第四篇

航行参考

第一篇

总览

长江在江西湖口接纳鄱阳湖水系来水后，便进入下游河段，自安徽宿松小孤山入皖，蜿蜒穿行于皖中平原之上，东西向横贯安徽。流经皖中大地的长江干流，长416千米，故称“八百里皖江”。安徽省面积为14.01万平方千米，其中长江干支流流域面积为6.6万平方千米，接近全省的一半。

淮北市
亳州市
宿州市
阜阳市
蚌埠市
淮南市
滁州市
合肥市
六安市
马鞍山市
芜湖市
宣城市
铜陵市
池州市
安庆市
黄山市

全国高等级航道和主要港口布局（至2035年规划）

交通运输部规划至2035年我国基本建成“四纵四横两网”国家高等级航道**2.5万千米左右**。

“四纵”主要包括京杭运河、江淮干线、浙赣粤、汉湘桂四条跨流域水运通道；

“四横”主要包括长江干线及主要支流、西江干线及主要支流、淮河干线及主要支流、黑龙江及主要支流四条跨区域水运通道；

“两网”包括长三角高等级航道网和珠三角高等级航道网。

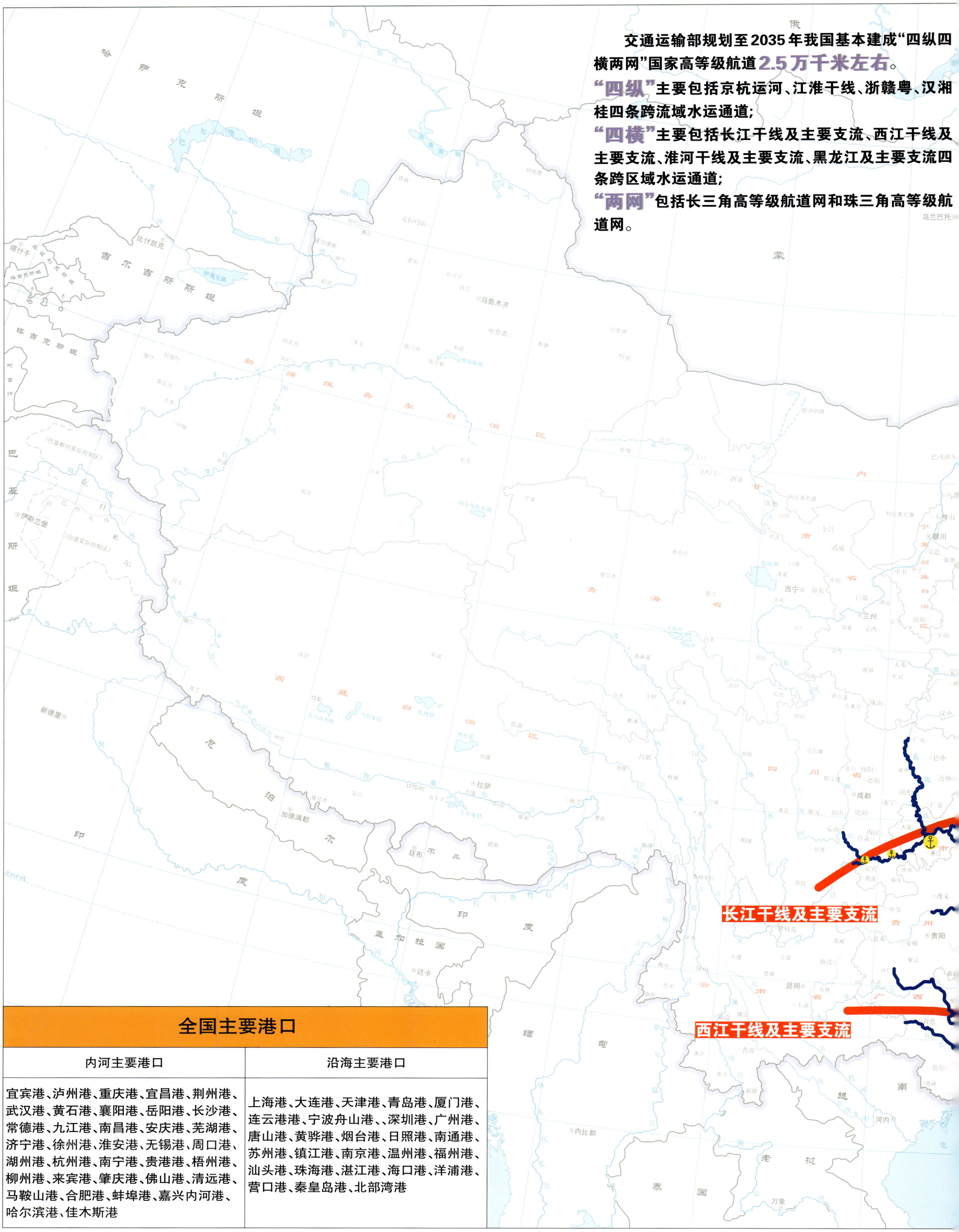

全国主要港口	
内河主要港口	沿海主要港口
宜宾港、泸州港、重庆港、宜昌港、荆州港、武汉港、黄石港、襄阳港、岳阳港、长沙港、常德港、九江港、南昌港、安庆港、芜湖港、济宁港、徐州港、淮安港、无锡港、周口港、湖州港、杭州港、南宁港、贵港港、梧州港、柳州港、来宾港、肇庆港、佛山港、清远港、马鞍山港、合肥港、蚌埠港、嘉兴内河港、哈尔滨港、佳木斯港	上海港、大连港、天津港、青岛港、厦门港、连云港港、宁波舟山港、、深圳港、广州港、唐山港、黄骅港、烟台港、日照港、南通港、苏州港、镇江港、南京港、温州港、福州港、汕头港、珠海港、湛江港、海口港、洋浦港、营口港、秦皇岛港、北部湾港

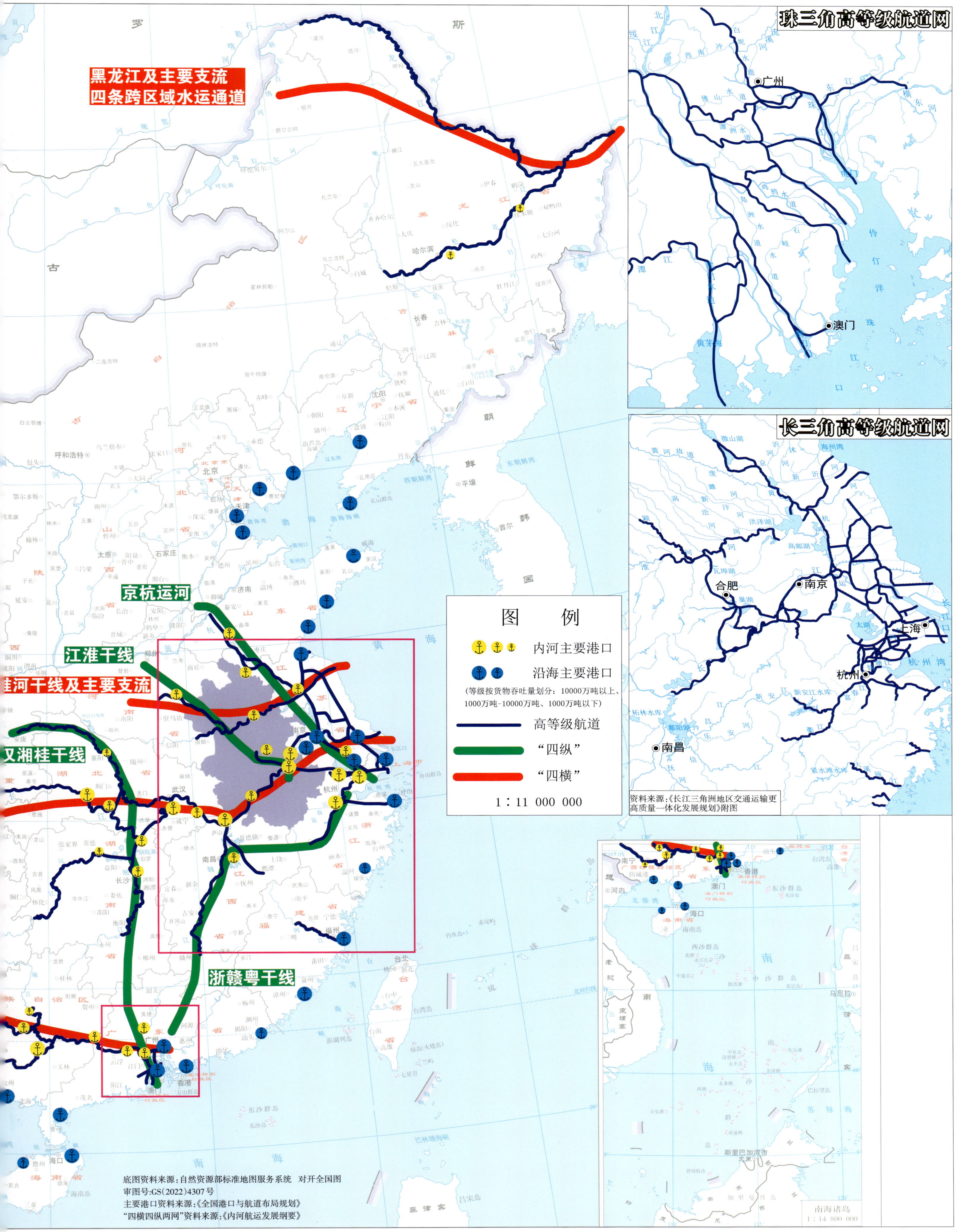
黑龙江及主要支流
四条跨区域水运通道
京杭运河
江淮干线
淮河干线及主要支流
汉湘桂干线
浙赣粤干线
珠三角高等级航道网
广州
澳门
长三角高等级航道网
合肥
南京
上海
杭州
南昌
资料来源:《长江三角洲地区交通运输更高质量一体化发展规划》附图
图例
内河主要港口
沿海主要港口
(等级按货物吞吐量划分：10000万吨以上、1000万吨-10000万吨、1000万吨以下)
高等级航道
“四纵”
“四横”
1∶11 000 000
南海诸岛
1∶14 800 000
底图资料来源：自然资源部标准地图服务系统 对开全国图
审图号:GS(2022)4307号
主要港口资料来源:《全国港口与航道布局规划》
“四横四纵两网”资料来源:《内河航运发展纲要》

水运：全省内河航道总里程6627千米，其中通航里程5777千米，四级及以上干线航道1831千米，江淮运河成功试通航，“一纵两横五干二十线”的航道布局初步形成。芜湖、马鞍山、池州3港年吞吐量均超亿吨，芜湖港年集装箱运量突破百万标箱，全省港口集装箱吞吐量达215万标箱。

公路：全省公路总里程23.8万千米，其中高速公路总里程5477千米，“县县通”高速全面实现，正在向“县城通”加速迈进。普通国省干线纵横交错、联线成网，一级公路总里程6752千米。农村公路通城达乡、进村入户，基本实现20户以上较大自然村路通硬化路，实现100%建制村“通客车”、50%建制村通公交。

铁路：安徽高铁网（包括部分快速铁路）运营里程在2400千米左右，至2025年，计划新增铁路运营里程1800千米，至2035年铁路里程达1.1万千米，基本建成“轨道上的安徽”。

航空：现有合肥新桥、黄山屯溪、池州九华山、阜阳西关、安庆天柱山和芜湖宣州等6个运输机场和合肥施湾、宁国市青龙湾2个通用机场，已开通航线130余条，覆盖国内外100多个大中城市，形成以合肥新桥机场为中心的“一枢七支”的机场发展格局。合肥新桥机场跨入全国“千万级”大型机场行列。

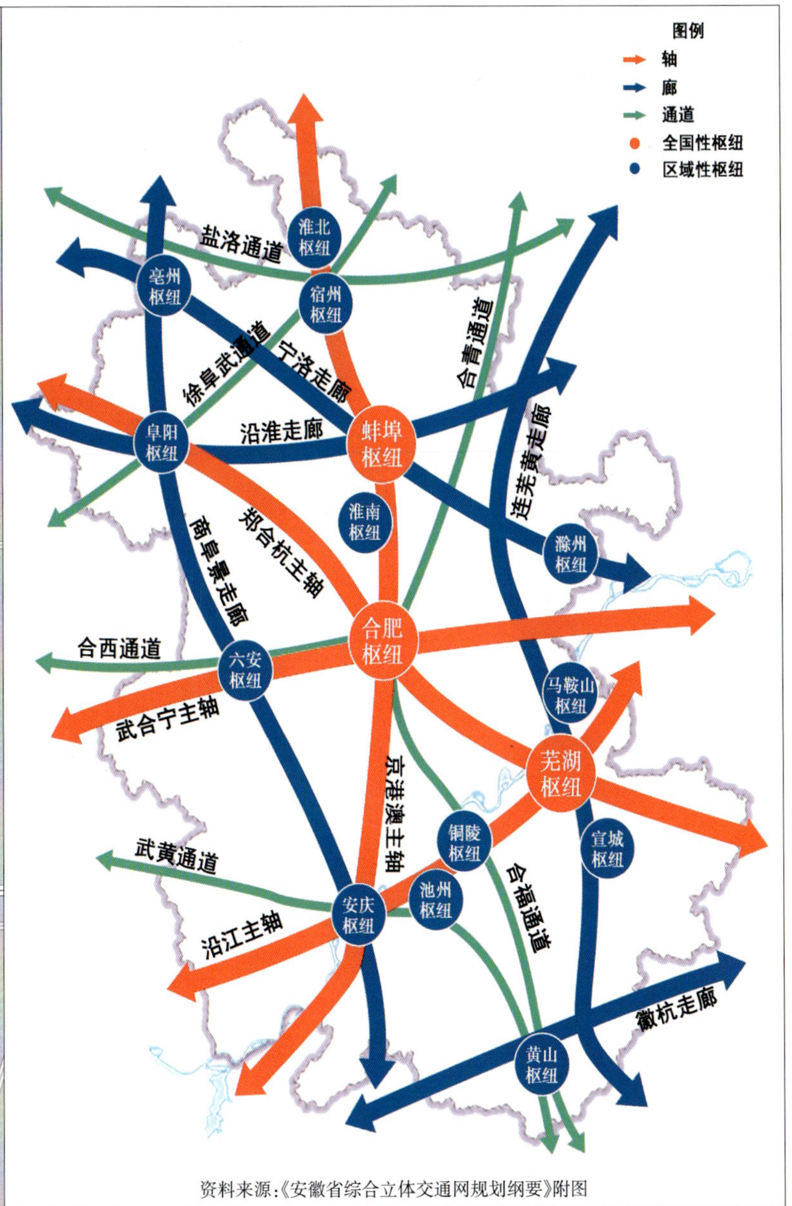

资料来源：《安徽省综合立体交通网规划纲要》附图

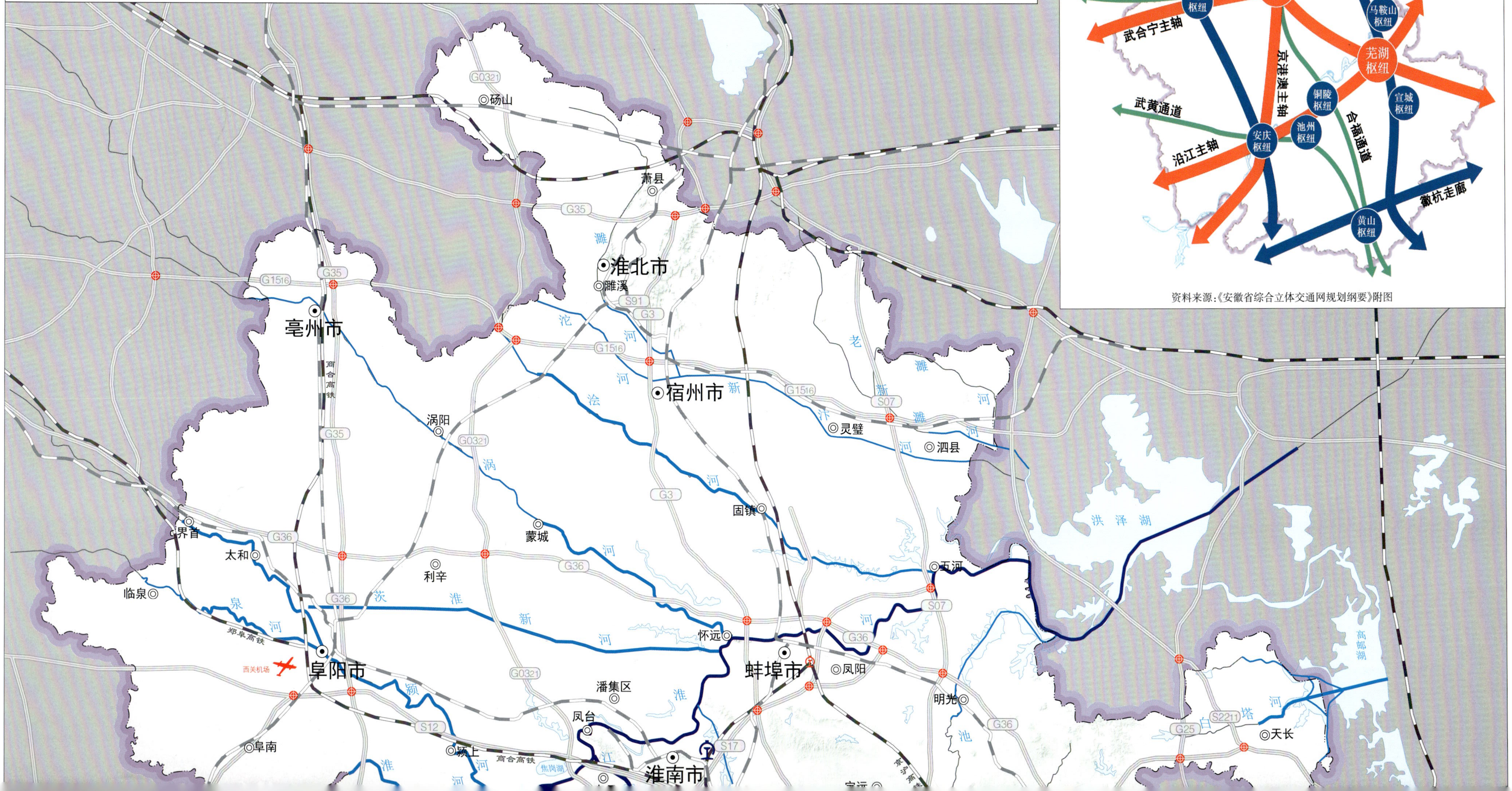

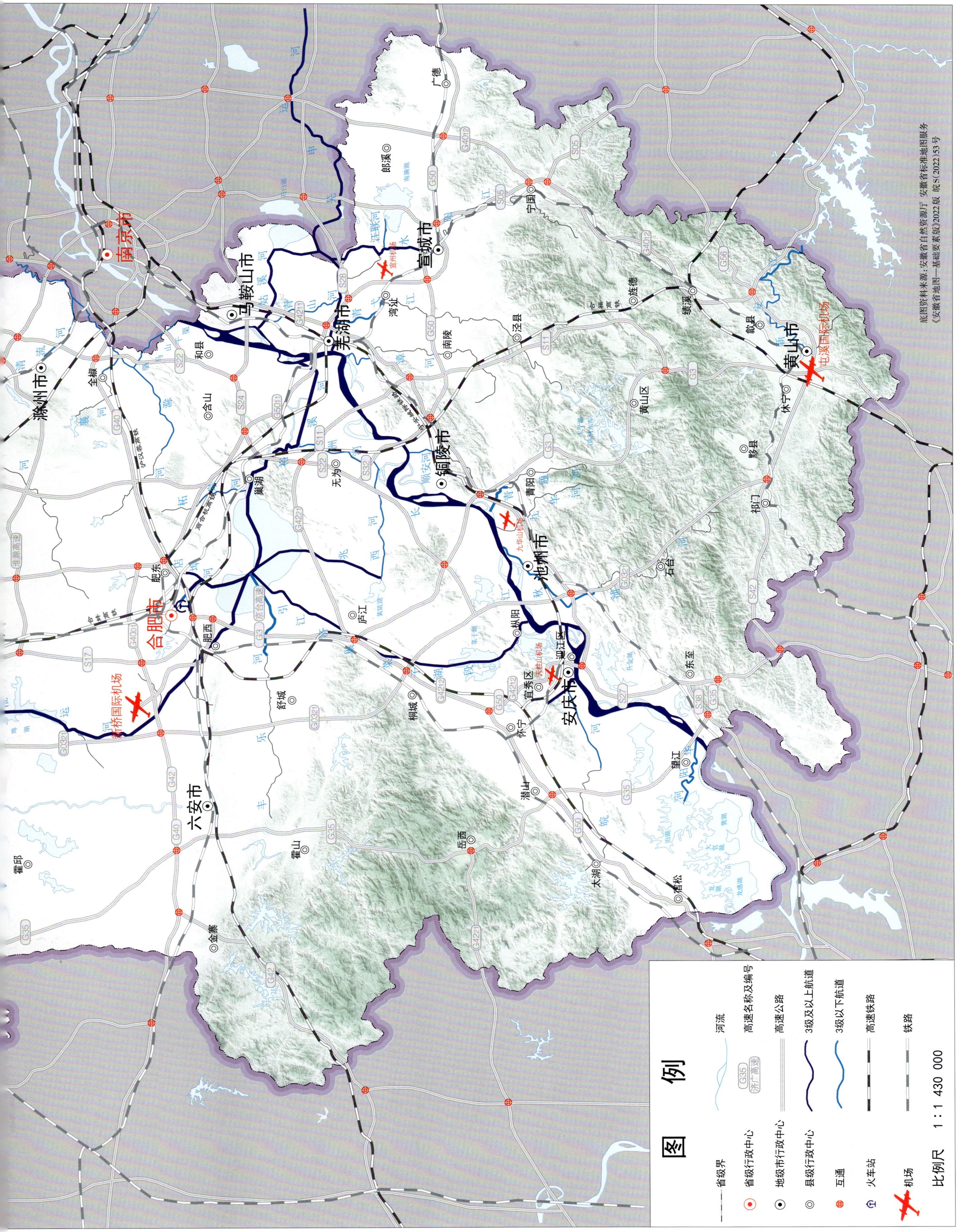
图例
省级界
省级行政中心
地级市行政中心
县级行政中心
互通
火车站
机场
河流
高速名称及编号
高速公路
3级及以上航道
3级以下航道
高速铁路
铁路
比例尺 1∶1 430 000
底图资料来源：安徽省自然资源厅 安徽省标准地图服务
《安徽省地图——基础要素版》(2022版 皖S(2022)53号
合肥市
南京市
马鞍山市
芜湖市
宣城市
铜陵市
池州市
安庆市
黄山市
滁州市
六安市
新桥国际机场
屯溪国际机场
广德
郎溪
宁国
绩溪
歙县
休宁
黟县
祁门
石台
东至
望江
宿松
太湖
岳西
潜山
怀宁
桐城
枞阳
庐江
无为
巢湖
含山
和县
全椒
肥东
肥西
舒城
霍山
霍邱
金寨
南陵
泾县
旌德
湾沚
青阳
黄山区
宜秀区
迎江区

安徽省干线航道现状

现状航道资料来源:《安徽省航道图(2016)》
底图资料来源:安徽省自然资源厅 安徽省标准地图服务
《安徽省地图—基础要素版》2022版 皖S(2022)53号

图例

- ◎ 省级行政中心
- ◎ 地级市行政中心
- ◉ 县级(市)行政中心
- ○ 其他地名
- 省界
- 未定省界
- 三级以上航道
- 三级航道
- 四级航道
- 五级航道
- 运河
- 其他河流

比例尺 1 : 1 850 000

规划航道资料来源:《安徽省干线航道网规划(2018—2030年)》
底图资料来源:安徽省自然资源厅 安徽省标准地图服务
《安徽省地图—基础要素版》2022版 皖S(2022)53号

第二篇

分类专题

安徽沿江近海，属长三角水网地区，发展内河水运自然条件优越。截至 2022 年底，全省航道通航里程达 5777 千米，其中四级及以上高等级航道 1831 千米。到 2025 年，全省四级及以上航道里程将达 2300 千米，占全省航道通航里程的 40%，基本形成“一纵两横五干二十线”内河航道主骨架，高质量“航道上的安徽”建设取得重要进展。届时，江河联运将再次提升安徽水运效率，助力安徽经济快速发展。

长江干线与支线航道船舶流量

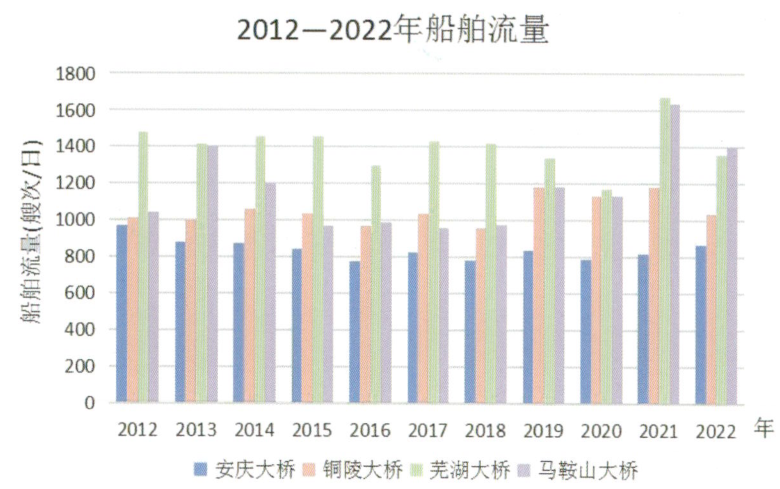

2012—2022年船舶流量

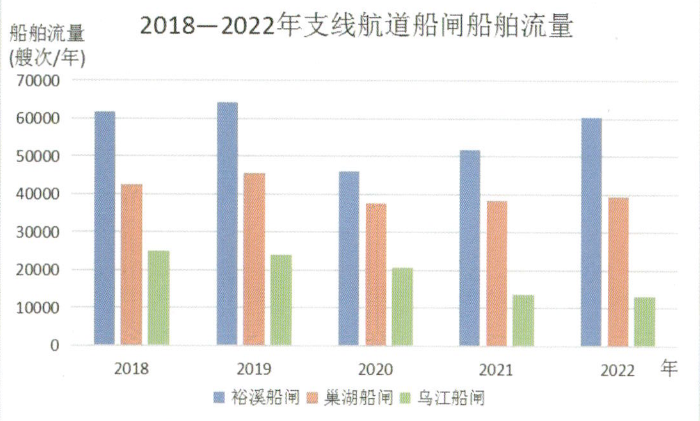

2018—2022年支线航道船闸船舶流量

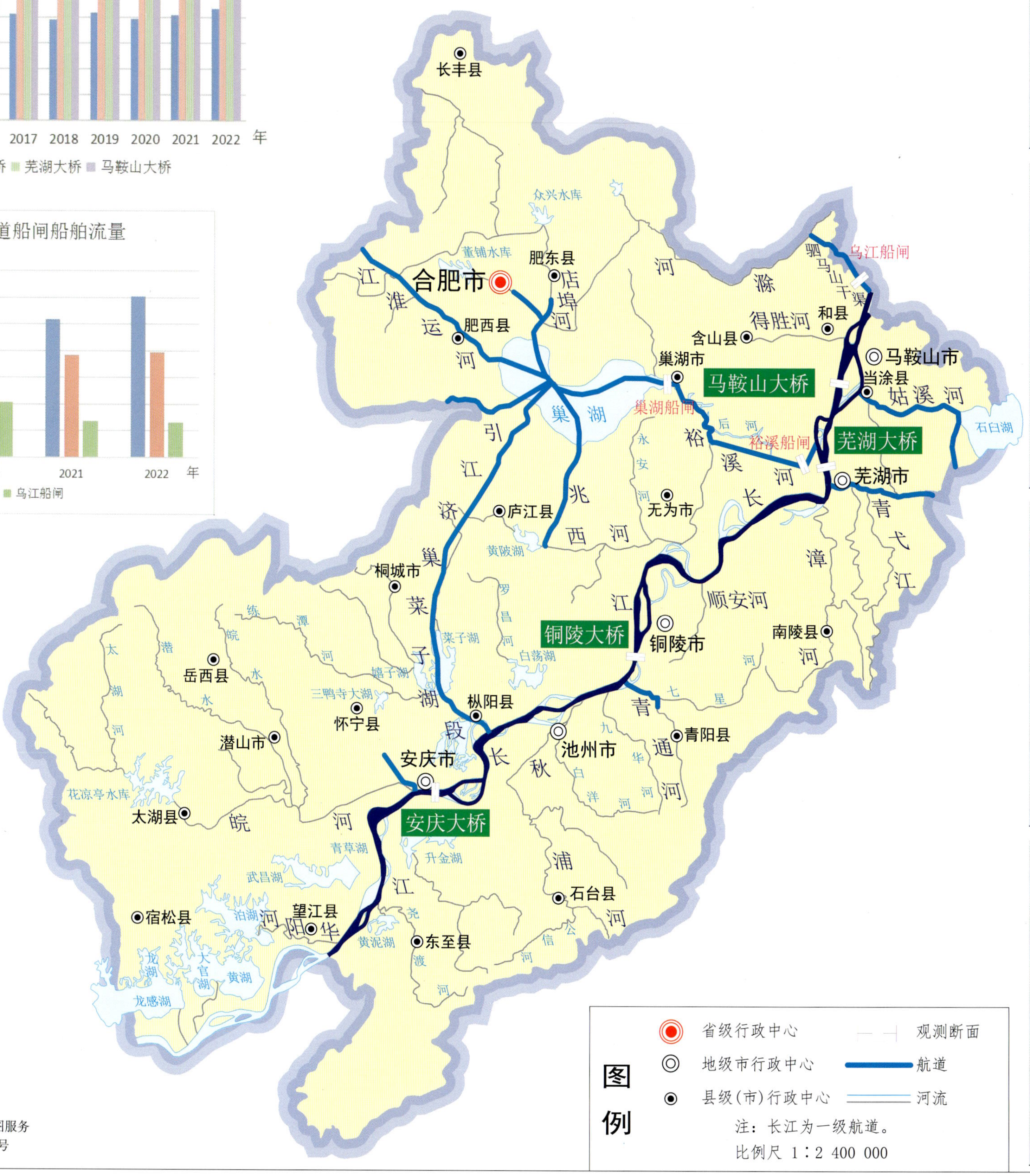

底图资料来源：安徽省自然资源厅 安徽省标准地图服务
《安徽省地图—基础要素版》2022版 皖S(2022)53号

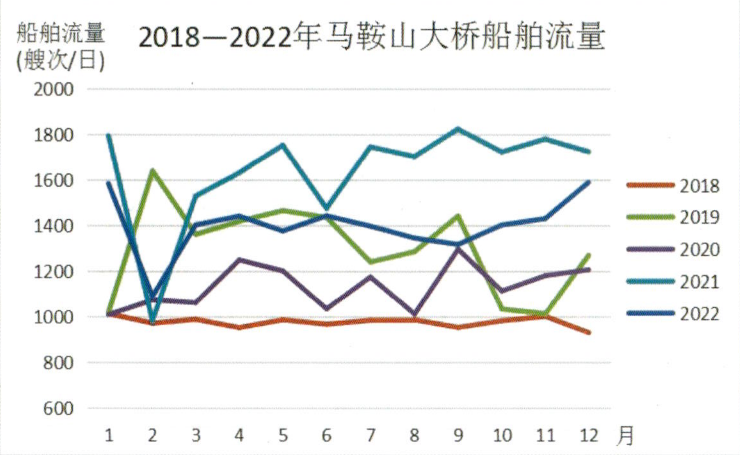

2018—2022年马鞍山大桥船舶流量

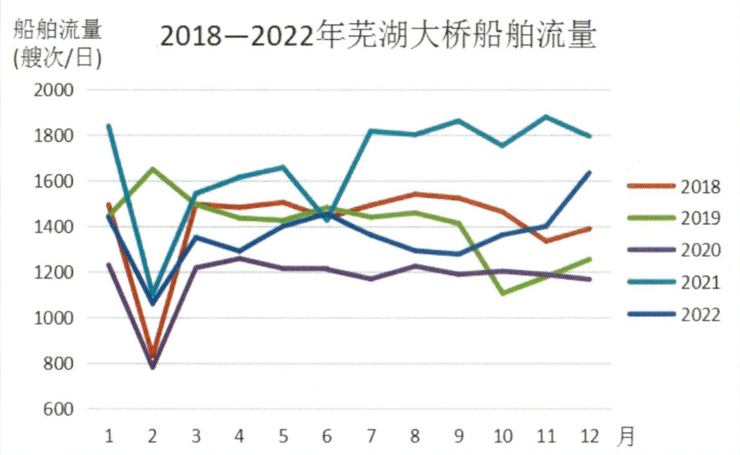

2018—2022年芜湖大桥船舶流量

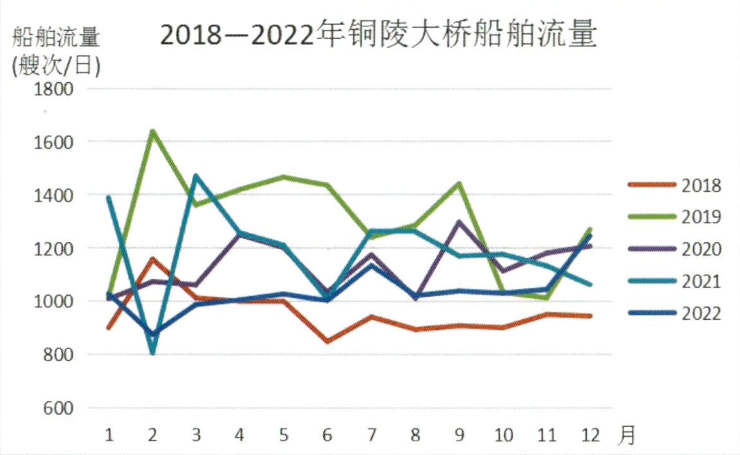

2018—2022年铜陵大桥船舶流量

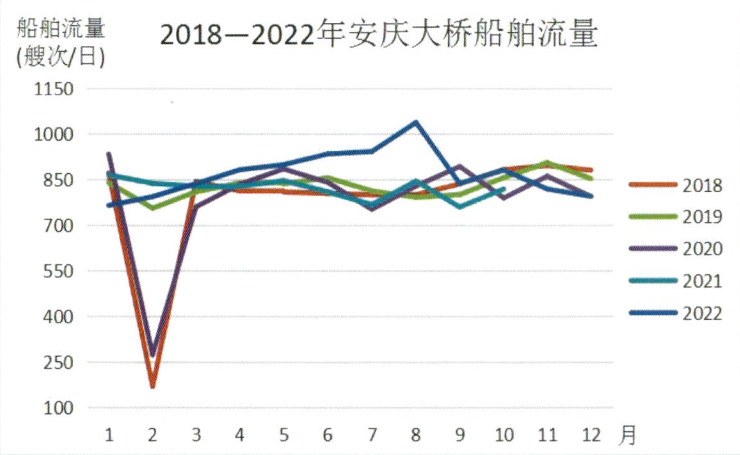

2018—2022年安庆大桥船舶流量

长江流域电子航道图分布

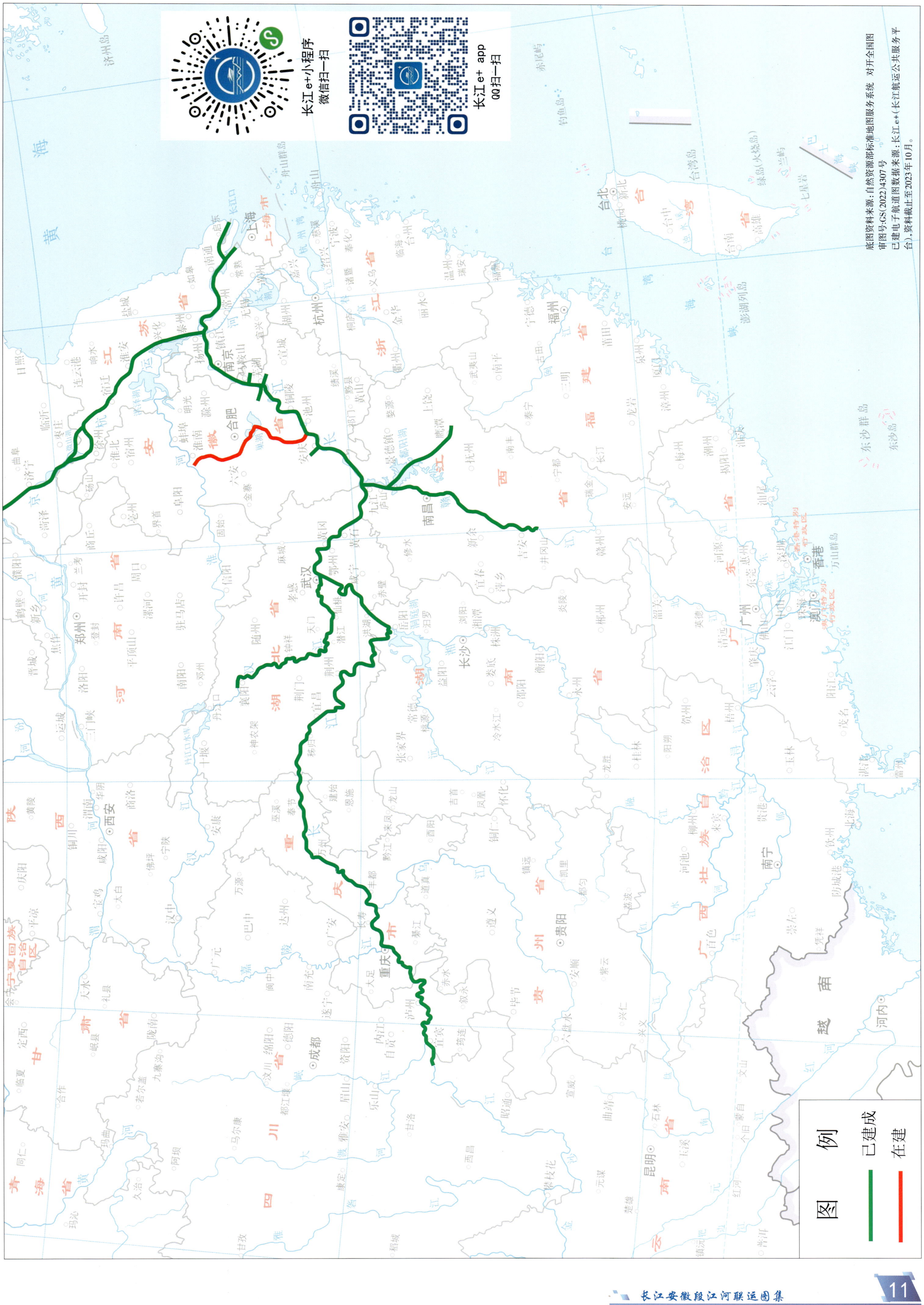

长江e+小程序
微信扫一扫
长江e+ app
QQ扫一扫
图例
已建成
在建
底图资料来源：自然资源部标准地图服务系统 对开全国图
审图号:GS(2022)4307号
已建电子航道图数据来源：长江e+(长江航运公共服务平台)，资料截止至2023年10月。
上海
南京
合肥
武汉
南昌
长沙
重庆
成都
贵阳
杭州
福州
台北
广州
香港
澳门
郑州
西安
昆明
南宁

长江干线安徽段桥梁分布

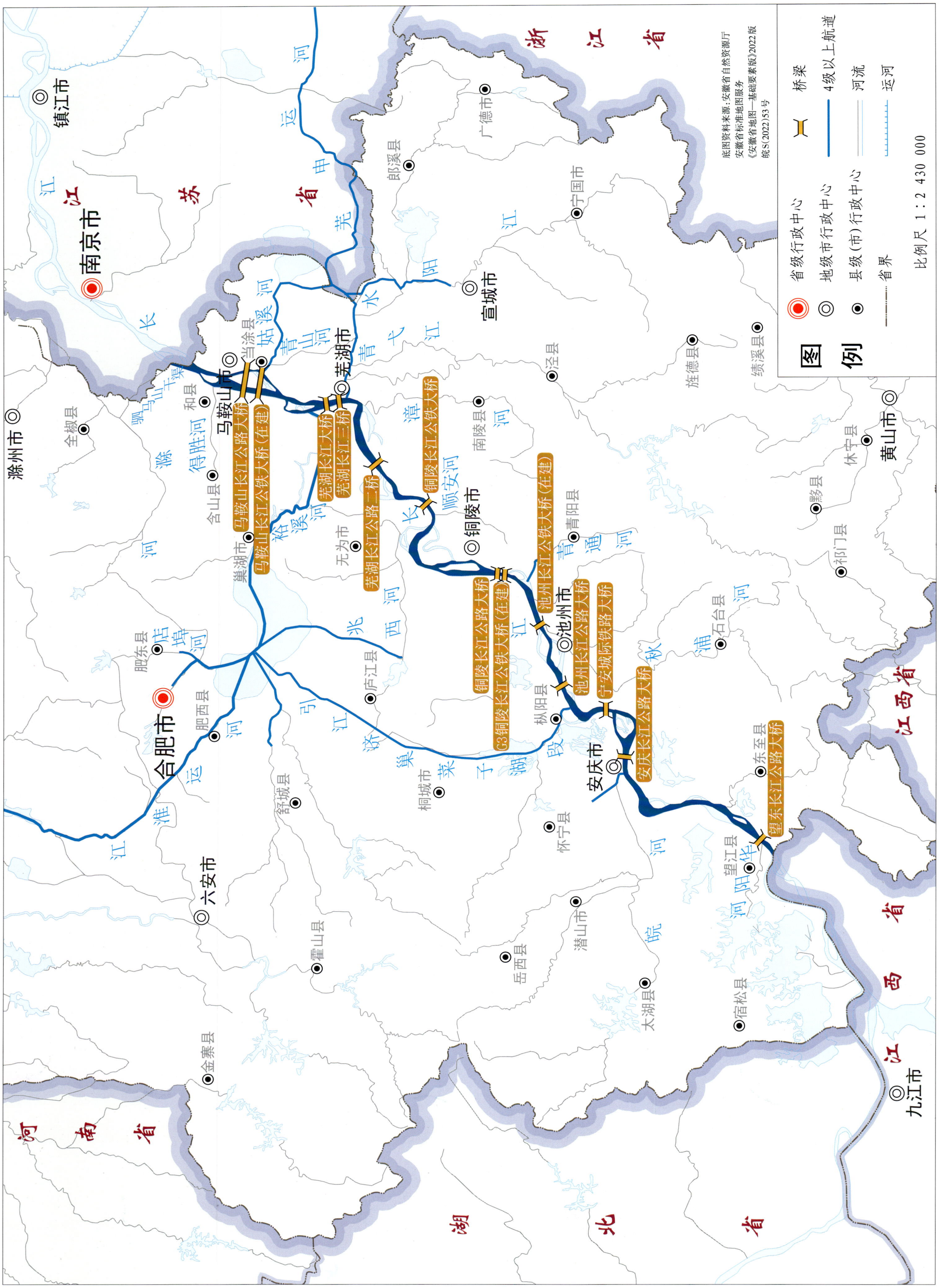

马鞍山长江公路大桥
马鞍山长江公铁大桥（在建）
芜湖长江大桥
芜湖长江三桥
芜湖长江公路二桥
铜陵长江公铁大桥
铜陵长江公路大桥
G3铜陵长江公铁大桥（在建）
池州长江公铁大桥（在建）
池州长江公路大桥
宁安城际铁路大桥
安庆长江公路大桥
望东长江公路大桥
合肥市
南京市
镇江市
滁州市
马鞍山市
芜湖市
宣城市
铜陵市
池州市
安庆市
六安市
黄山市
九江市
江苏省
浙江省
江西省
湖北省
河南省
长江
图例
省级行政中心
地级市行政中心
县级（市）行政中心
省界
桥梁
4级以上航道
河流
运河
比例尺 1：2 430 000
底图资料来源：安徽省自然资源厅
安徽省标准地图服务
《安徽省地图—基础要素版》2022版
皖S（2022）53号

长江干线安徽段支线船闸分布

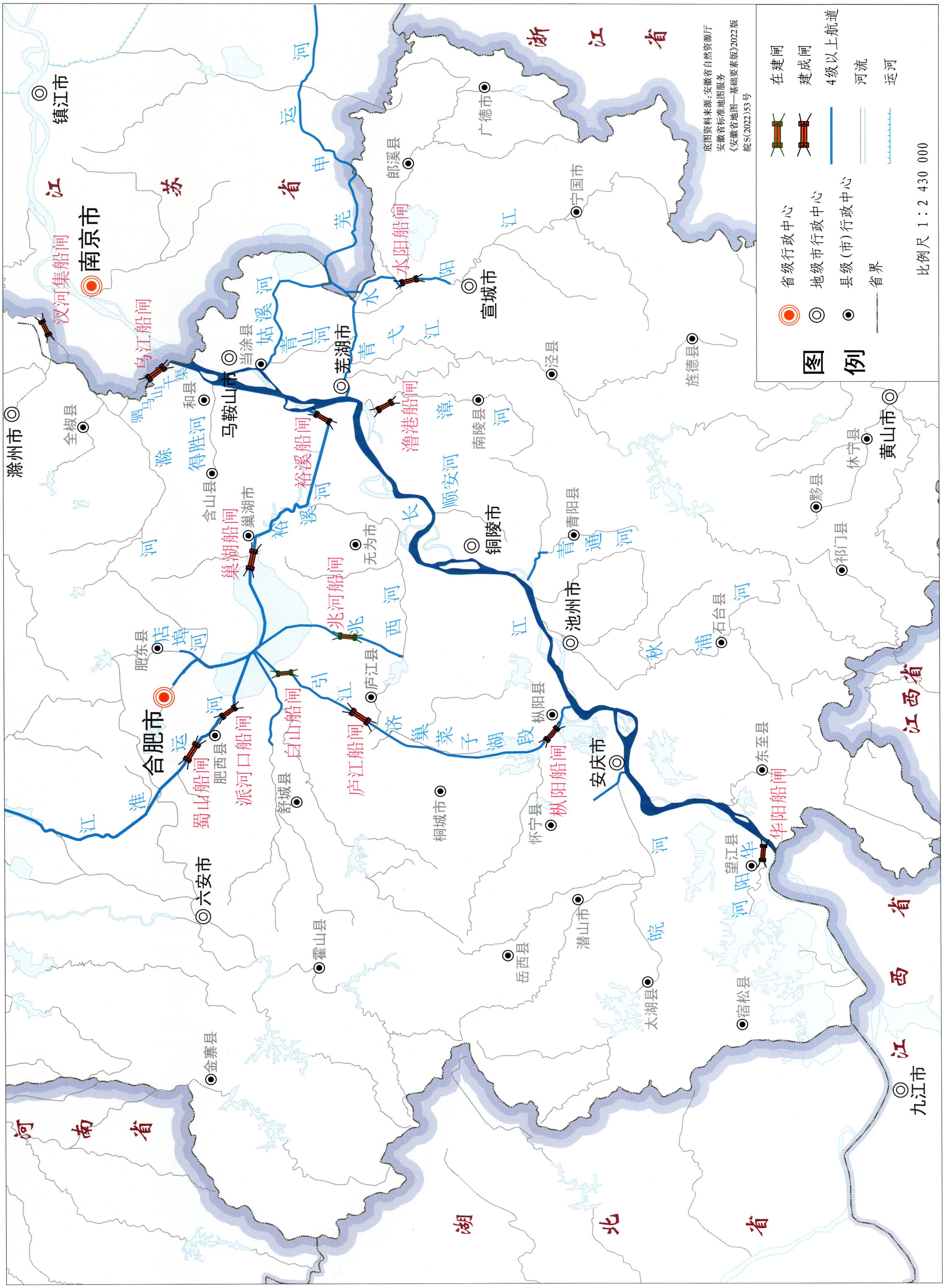

长江干线安徽段航道尺度

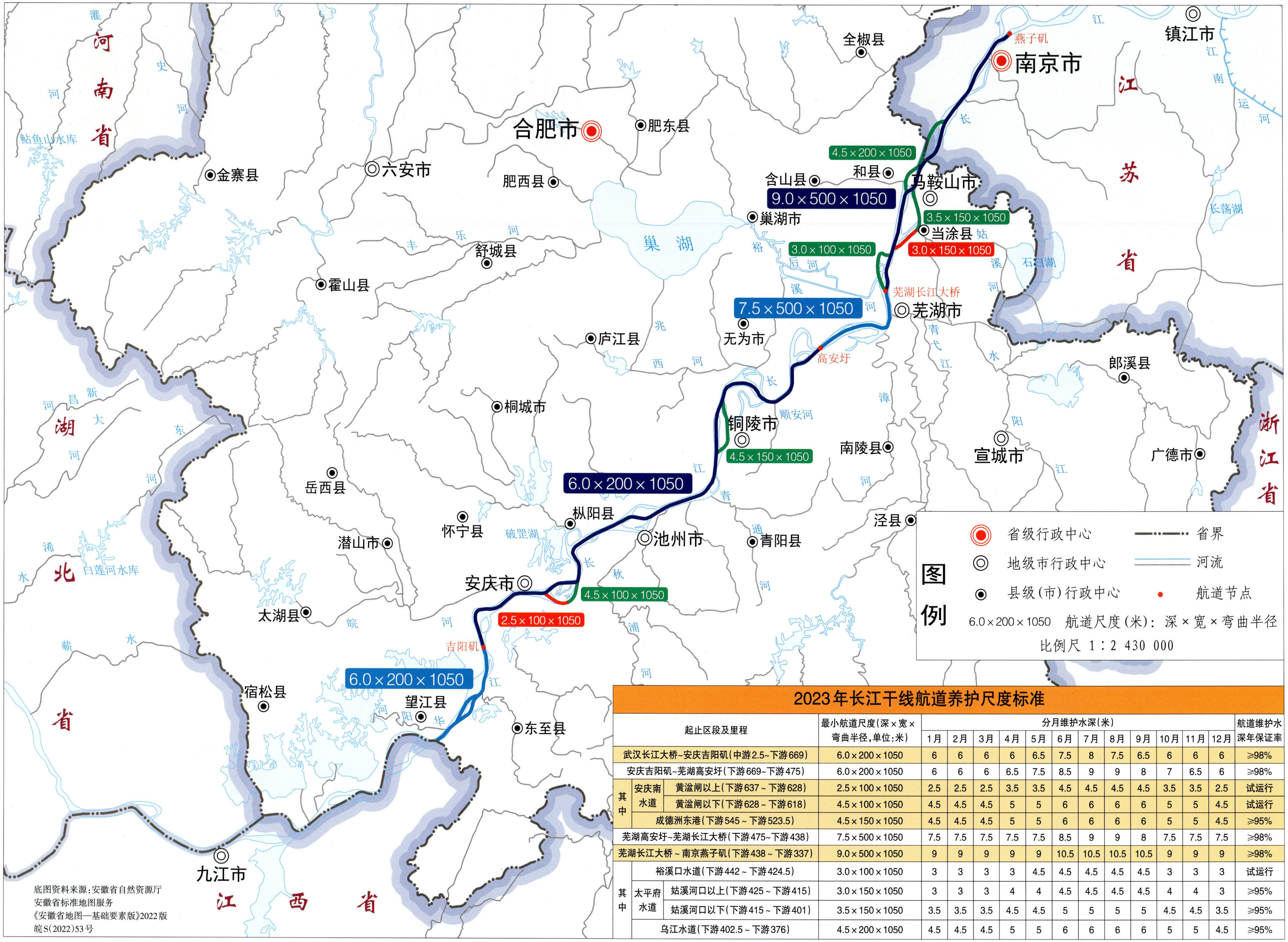
河南省
湖北省
江西省
江苏省
浙江省
合肥市
南京市
镇江市
燕子矶
全椒县
肥东县
肥西县
六安市
金寨县
舒城县
霍山县
庐江县
巢湖市
含山县
和县
马鞍山市
当涂县
芜湖市
芜湖长江大桥
无为市
高安圩
铜陵市
南陵县
宣城市
郎溪县
广德市
泾县
桐城市
岳西县
怀宁县
潜山市
枞阳县
池州市
青阳县
安庆市
吉阳矶
太湖县
宿松县
望江县
东至县
九江市
巢湖
破罡湖
石臼湖
长荡湖
鲇鱼山水库
白莲河水库
9.0×500×1050
4.5×200×1050
3.5×150×1050
3.0×150×1050
3.0×100×1050
7.5×500×1050
4.5×150×1050
6.0×200×1050
4.5×100×1050
2.5×100×1050
6.0×200×1050
图例
省级行政中心
地级市行政中心
县级(市)行政中心
省界
河流
航道节点
6.0×200×1050 航道尺度(米)：深×宽×弯曲半径
比例尺 1∶2 430 000
底图资料来源：安徽省自然资源厅
安徽省标准地图服务
《安徽省地图—基础要素版》2022版
皖S(2022)53号

2023年长江干线航道养护尺度标准

起止区段及里程			最小航道尺度(深×宽×弯曲半径,单位:米)	分月维护水深(米) 1月	2月	3月	4月	5月	6月	7月	8月	9月	10月	11月	12月	航道维护水深年保证率
武汉长江大桥~安庆吉阳矶(中游2.5~下游669)			6.0×200×1050	6	6	6	6	6.5	7.5	8	7.5	6.5	6	6	6	≥98%
安庆吉阳矶~芜湖高安圩(下游669~下游475)			6.0×200×1050	6	6	6	6.5	7.5	8.5	9	9	8	7	6.5	6	≥98%
其中	安庆南水道	黄湓闸以上(下游637~下游628)	2.5×100×1050	2.5	2.5	2.5	3.5	3.5	4.5	4.5	4.5	4.5	3.5	3.5	2.5	试运行
		黄湓闸以下(下游628~下游618)	4.5×100×1050	4.5	4.5	4.5	5	5	6	6	6	6	5	5	4.5	试运行
	成德洲东港(下游545~下游523.5)		4.5×150×1050	4.5	4.5	4.5	5	5	6	6	6	6	5	5	4.5	≥95%
芜湖高安圩~芜湖长江大桥(下游475~下游438)			7.5×500×1050	7.5	7.5	7.5	7.5	7.5	8.5	9	9	8	7.5	7.5	7.5	≥98%
芜湖长江大桥~南京燕子矶(下游438~下游337)			9.0×500×1050	9	9	9	9	9	10.5	10.5	10.5	10.5	9	9	9	≥98%
其中	裕溪口水道(下游442~下游424.5)		3.0×100×1050	3	3	3	3	4.5	4.5	4.5	4.5	4.5	3	3	3	试运行
	太平府水道	姑溪河口以上(下游425~下游415)	3.0×150×1050	3	3	3	4	4	4.5	4.5	4.5	4.5	4	4	3	≥95%
		姑溪河口以下(下游415~下游401)	3.5×150×1050	3.5	3.5	3.5	4.5	4.5	5	5	5	5	4.5	4.5	3.5	≥95%
	乌江水道(下游402.5~下游376)		4.5×200×1050	4.5	4.5	4.5	5	5	6	6	6	6	5	5	4.5	≥95%

长江干线安徽段航道整治工程分布

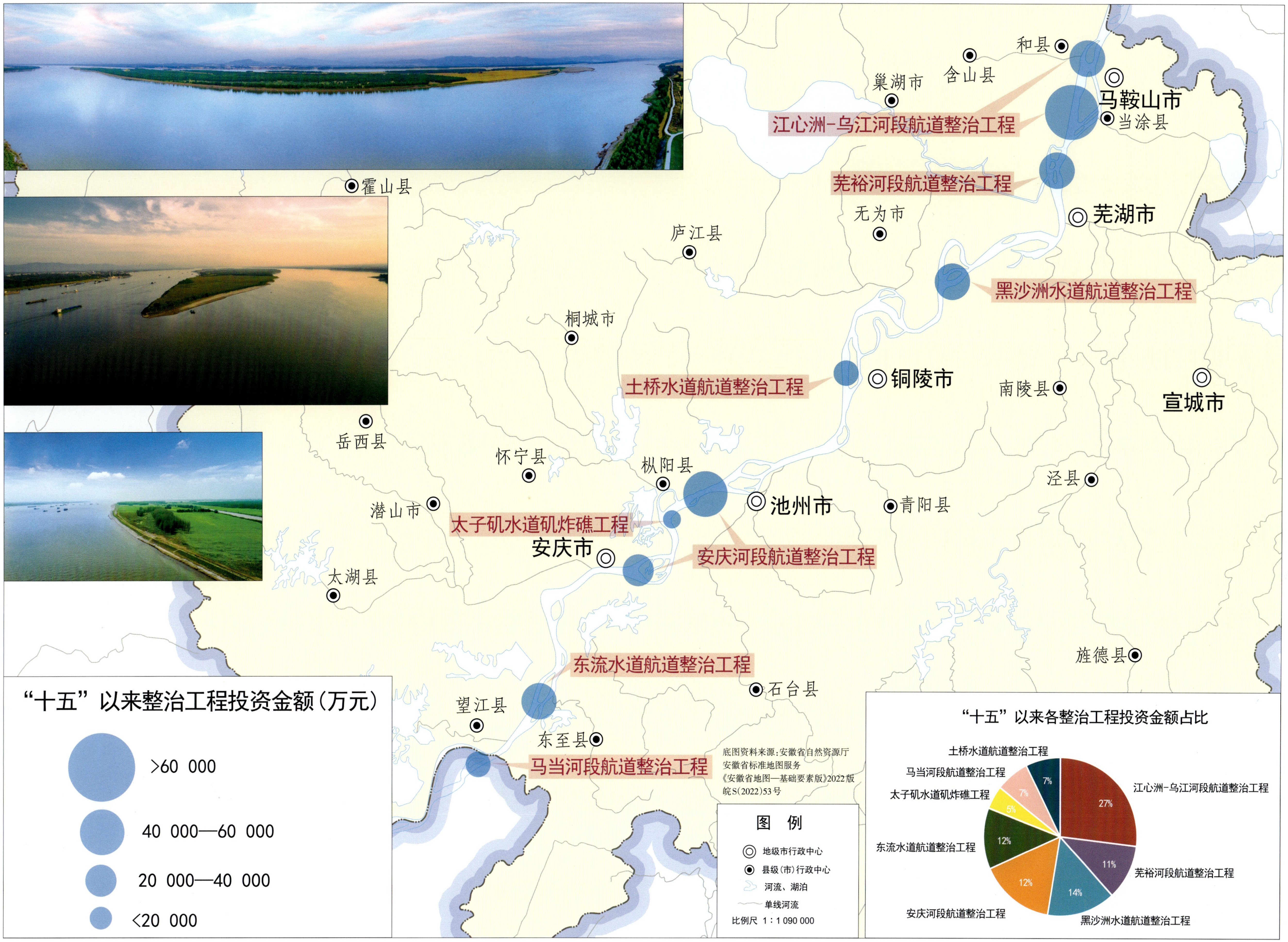
和县
含山县
巢湖市
马鞍山市
当涂县
江心洲-乌江河段航道整治工程
芜裕河段航道整治工程
芜湖市
无为市
庐江县
霍山县
黑沙洲水道航道整治工程
桐城市
土桥水道航道整治工程
铜陵市
南陵县
宣城市
岳西县
怀宁县
枞阳县
泾县
潜山市
池州市
青阳县
太子矶水道矶炸礁工程
安庆市
安庆河段航道整治工程
太湖县
旌德县
东流水道航道整治工程
石台县
望江县
东至县
马当河段航道整治工程
"十五"以来整治工程投资金额(万元)
>60 000
40 000—60 000
20 000—40 000
<20 000
底图资料来源:安徽省自然资源厅
安徽省标准地图服务
《安徽省地图—基础要素版》2022版
皖S(2022)53号
图 例
地级市行政中心
县级(市)行政中心
河流、湖泊
单线河流
比例尺 1:1 090 000
"十五"以来各整治工程投资金额占比
土桥水道航道整治工程
马当河段航道整治工程
太子矶水道矶炸礁工程
东流水道航道整治工程
安庆河段航道整治工程
黑沙洲水道航道整治工程
芜裕河段航道整治工程
江心洲-乌江河段航道整治工程
27%
11%
14%
12%
12%
5%
7%
7%

长江干线安徽段涉航管理机构

合肥市
安徽省交通运输厅
肥东县
肥西县
六安市
舒城县
霍山县
庐江县
桐城市
岳西县
潜山市
太湖县
宿松县
望江县
怀宁县
安庆市
安庆市交通运输局
安庆海事局
安庆航道处
安庆港区海事处
太子矶航道处
牛头山海事处
华阳航道处
东流海事处
华阳海事处
东至县
枞阳县
枞阳海事处
池州航道处
池州海事处
池州市
池州市交通运输局
青阳县
石台县
祁门县
黟县
休宁县
黄山市
歙县
绩溪县
旌德县
泾县
南陵县
铜陵市
铜陵航道处
铜陵市交通运输局
铜陵海事处
荻港海事处
新港航道处
无为市
巢湖市
含山县
和县
慈湖海事处
马鞍山港区海事处
马鞍山市交通运输局
马鞍山航道处
马鞍山市
当涂县
裕溪口海事处
裕溪口航道处
长江芜湖航道处
芜湖港区海事处
芜湖市
芜湖市交通运输局
芜湖海事局
江西省
江　西　省
浙　江
图例
省级行政中心
地级市行政中心
县级(市)行政中心
其他地名
省界
交通运输
航道
海事
河流
比例尺 1∶1 250 000
底图资料来源:安徽省自然资源厅 安徽省标准地图服务
《安徽省地图—基础要素版》2022版 皖S(2022)53号

长江干线安徽段涉航管理机构

机构名称	下属机构	地址
安徽省交通运输厅 合肥市包河区高铁路98号 0551–63623520	马鞍山市交通运输局	马鞍山市花山区慈湖河路1000号
	芜湖市交通运输局	芜湖市鸠江区政通路66号
	铜陵市交通运输局	铜陵市铜官区幸福社区街道义安大道北段1036号交通大厦
	池州市交通运输局	池州市贵池区长江北路68号
	安庆市交通运输局	安庆市宜秀区白泽湖乡顺安路东部新城写字楼主楼B区3楼
长江芜湖航道处 芜湖市鸠江区长江北路222–1号 0553–3716098	马鞍山航道处	马鞍山市当涂县江心乡洲头路乌龟墩路路口
	裕溪口航道处	芜湖市镜湖区朱家桥港一路
	新港航道处	芜湖市繁昌区新港车站路
	铜陵航道处	铜陵市铜官区滨江大道南段1172号
	池州航道处	池州市贵池区江口街道江口汽渡向西200米
	太子矶航道处	安庆市迎江区龙狮桥乡碧桂园1号公园南侧
	安庆航道处	安庆市迎江区沿江东路166号
	华阳航道处	池州市东至县东流镇环城西路
芜湖海事局 芜湖市镜湖区北京西路3号 0553–3716075	慈湖海事处	马鞍山市花山区联合西路马和汽渡东南岸
	马鞍山港区海事处	马鞍山市雨山区花雨路138号
	裕溪口海事处	芜湖市鸠江区江淮路与沿江路交叉路口往东北约120米
	芜湖港区海事处	芜湖市镜湖区港一路1号朱家桥外贸码头
	荻港海事处	芜湖市三山经济开发区高安街道高安村经六路中桩物流公司东侧
	铜陵海事处	铜陵市郊区滨江大道南段中国海事局
安庆海事局 安庆市迎江区湖心南路200号 0556–5217600	池州海事处	池州市贵池区长江北路378号
	枞阳海事处	铜陵市枞阳县X028(江堤公路)
	牛头山海事处	牛头山长江水上政务中心东南
	安庆港区海事处	安庆市迎江区沿江东路安广江堤
	东流海事处	池州市东至县东流镇环城西路
	华阳海事处	安庆市望江县华阳镇通衢大道128号

芜湖港
SITC

第三篇

一城一港

八百里皖江流经安徽省安庆、池州、铜陵、芜湖、马鞍山五座城市。沿江五市是皖江城市带的重要组成部分，在安徽的经济中占有重要地位。安庆是百年省会城市，池州是千载诗人地，铜陵有“铜都”之称，芜湖是港口明珠城市，马鞍山钢铁产业声誉全国。凭借长江黄金水道和丰富的内河水运资源，沿江五市因地制宜地发展港口经济，为当地经济提速发展提供了动力。

长江干线安徽段“一城一港”示意

河南省
淮南市
六安市
湖北省
江西省
桐城市
孔城河
罗昌河
菜子湖
黄陂湖
岳西县
练潭河
皖水
潜水
太湖河
三鸭寺大湖
嬉子湖
怀宁县
枞阳县
破罡湖
属铜陵市
潜山市
安庆港
安庆市
长江
太湖县
花凉亭水库
皖河
青草湖
属铜陵市
升金湖
武昌湖
宿松县
望江县
泊湖
华阳河
尧渡河
东至县
黄泥湖
龙湖
大官湖
黄湖
龙感湖
龙泉河

底图资料来源：安徽省自然资源厅 安徽省标准地图服务
《安徽省地图—基础要素版》2022版 皖S(2022)53号

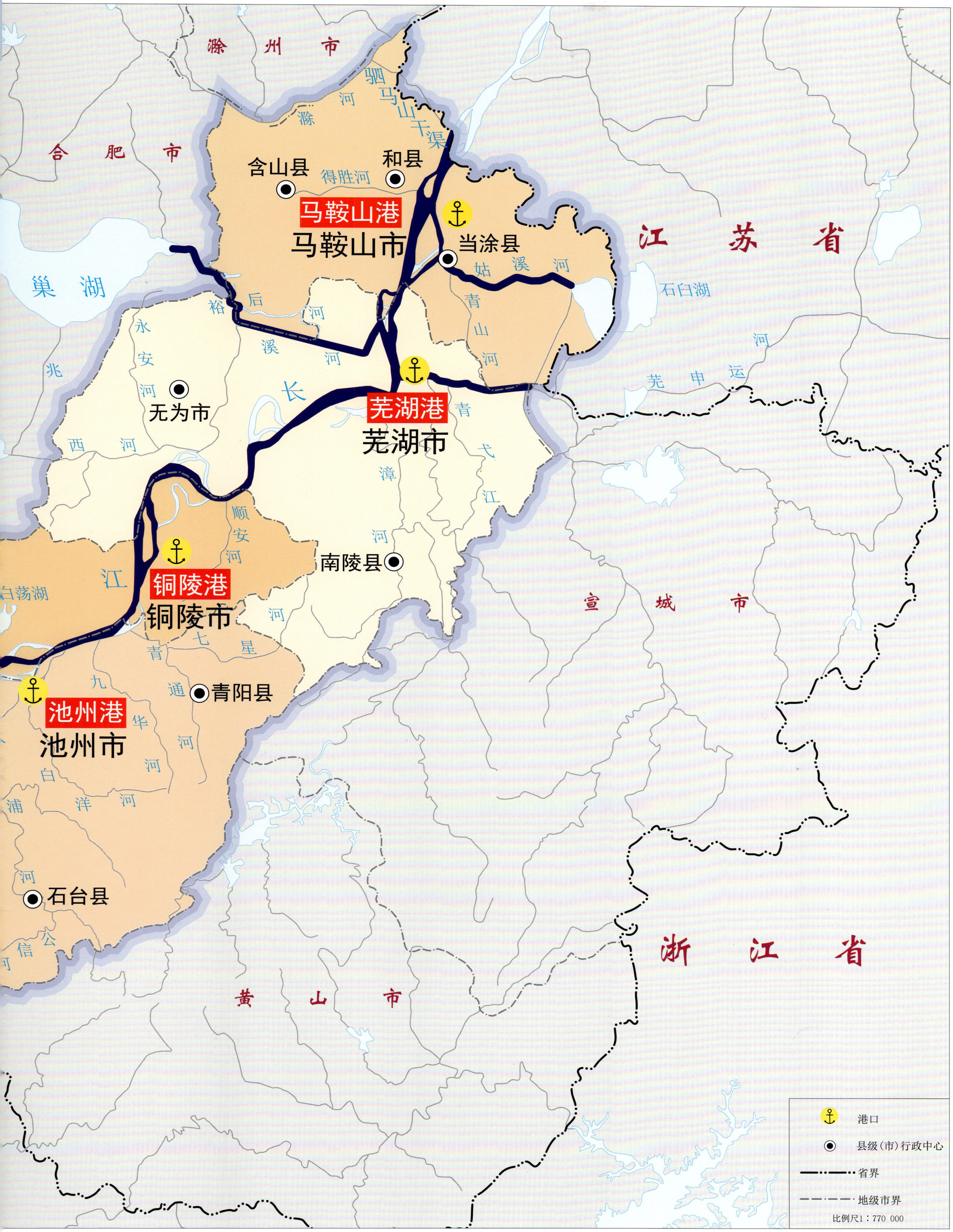
滁州市
合肥市
驷马山干渠
滁河
含山县
得胜河
和县
马鞍山港
马鞍山市
当涂县
姑溪河
江苏省
巢湖
裕溪河
后河
石臼湖
永安河
青山河
兆河
无为市
长江
芜湖港
芜湖市
芜申运河
西河
青弋江
漳河
顺安河
南陵县
铜陵港
铜陵市
白荡湖
宣城市
七星河
青通河
九华河
池州港
池州市
青阳县
白洋河
浦河
石台县
公信河
浙江省
黄山市
港口
县级(市)行政中心
省界
地级市界
比例尺1：770 000

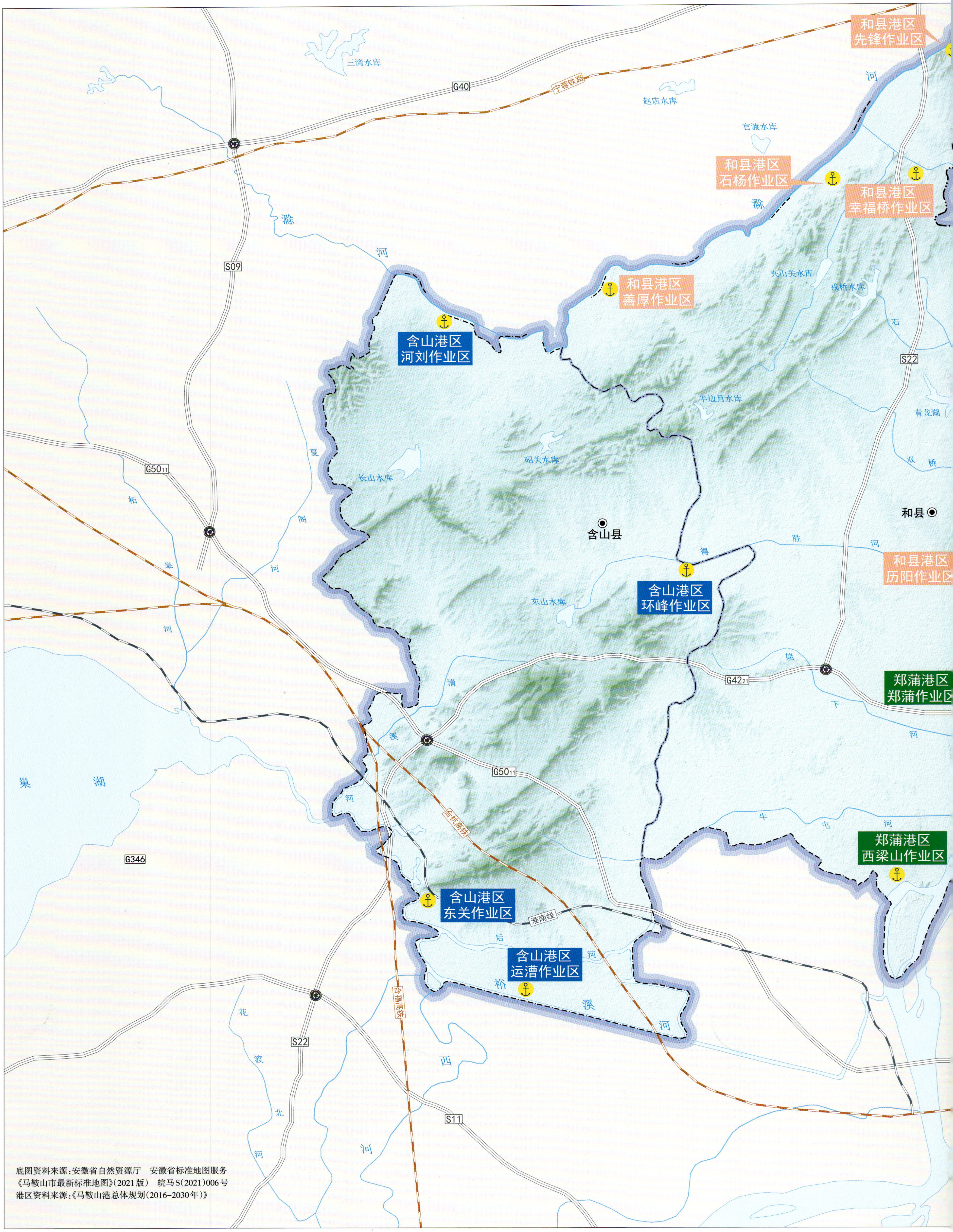
和县港区
先锋作业区
和县港区
石杨作业区
和县港区
幸福桥作业区
和县港区
善厚作业区
含山港区
河刘作业区
含山港区
环峰作业区
和县港区
历阳作业区
郑蒲港区
郑蒲作业区
郑蒲港区
西梁山作业区
含山港区
东关作业区
含山港区
运漕作业区
含山县
和县
三湾水库
赵店水库
官渡水库
夹山关水库
戎桥水库
半边月水库
青龙湖
昭关水库
长山水库
东山水库
G40
宁蓉铁路
S09
G5011
S22
G4221
G346
S11
合杭高铁
合福高铁
淮南线
滁
河
夏
阁
柘
皋
清
溪
后
裕
溪
河
得
胜
河
姥
下
牛
屯
石
双
桥
巢
湖
花
渡
北
西

底图资料来源：安徽省自然资源厅　安徽省标准地图服务
《马鞍山市最新标准地图》(2021版)　皖马S(2021)006号
港区资料来源：《马鞍山港总体规划(2016—2030年)》

马鞍山港以中心港区、郑蒲港区为核心，以慈湖港区、采石矶港区、太平府港区、江心洲港区、乌江港区为主干，当涂港区、博望港区、和县港区、含山港区为补充，形成“一江两岸，双核九区”的布局体系。

乌江港区
乌江石跋河作业区
乌江港区
大黄洲作业区
慈湖港区
中心港区
花山区
雨山区
马鞍山市
采石矶港区
江心洲港区
当涂县
太平府港区
当涂港区
纪村作业区
博望港区
新农作业区
博望区
当涂港区
护河作业区
当涂港区
太白作业区
当涂港区
湖阳作业区
当涂港区
中沟作业区
当涂港区
乌溪作业区
当涂港区
黄池作业区
宁蓉铁路
宁杭高铁
宁安高铁
宁芜线
三岔水库
G40
G2503
G25
S55
G4221
G4211
G5011
图例
地级市界
县界
地级市行政中心
县级行政中心
互通
作业区
河流
G35
高速编号
高速公路
高速铁路
铁路
比例尺1：346 000

芜湖港

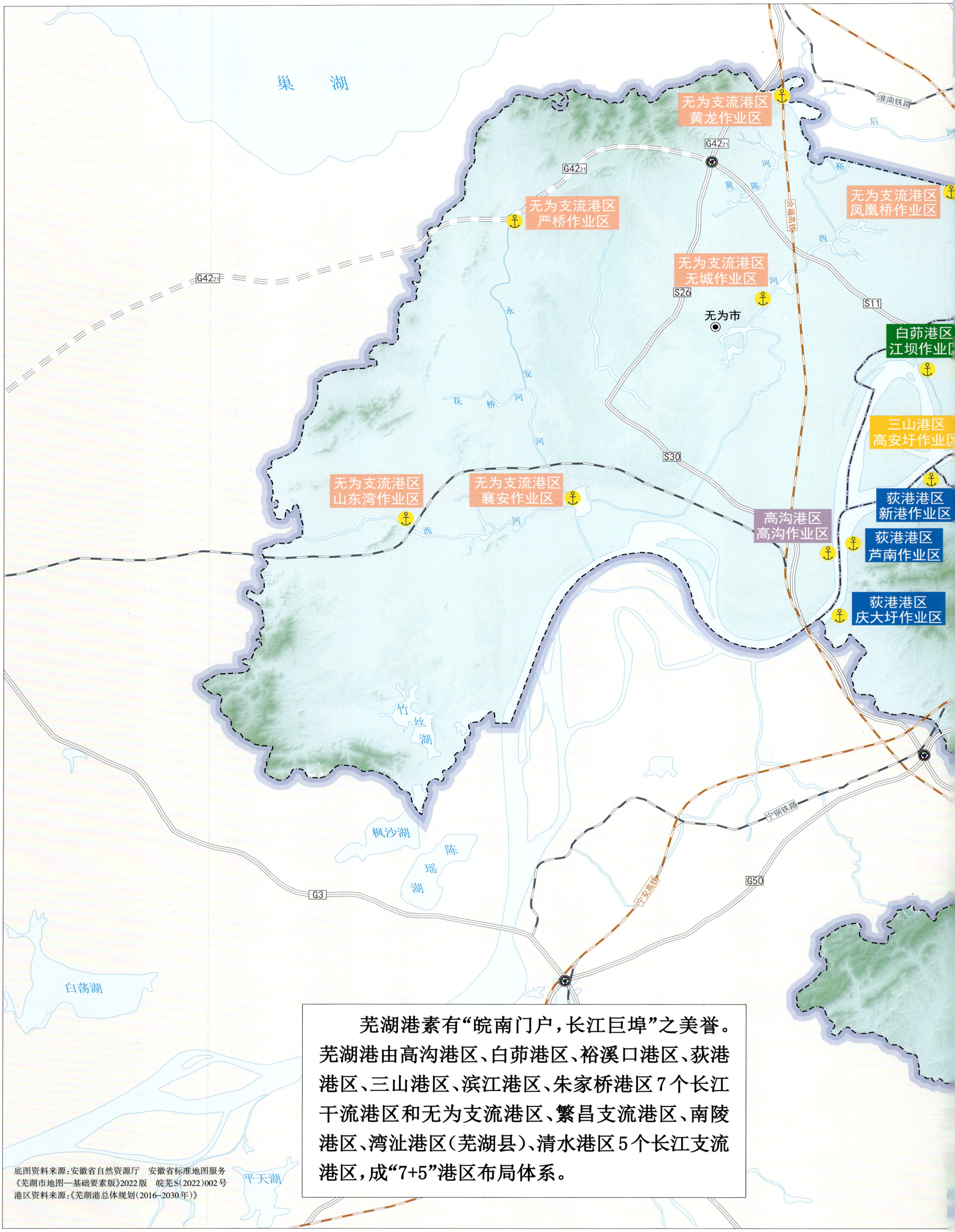
巢　湖
无为支流港区
黄龙作业区
淮南铁路
G4221
无为支流港区
严桥作业区
无为支流港区
凤凰桥作业区
无为支流港区
无城作业区
合福高铁
S26
S11
无为市
白茆港区
江坝作业区
永安河
花桥河
三山港区
高安圩作业区
S30
无为支流港区
山东湾作业区
无为支流港区
襄安作业区
西河
荻港港区
新港作业区
高沟港区
高沟作业区
荻港港区
芦南作业区
荻港港区
庆大圩作业区
竹丝湖
枫沙湖
陈瑶湖
宁铜铁路
G50
G3
宁安高铁
白荡湖
平天湖

芜湖港素有“皖南门户，长江巨埠”之美誉。芜湖港由高沟港区、白茆港区、裕溪口港区、荻港港区、三山港区、滨江港区、朱家桥港区7个长江干流港区和无为支流港区、繁昌支流港区、南陵港区、湾沚港区（芜湖县）、清水港区5个长江支流港区，成“7+5”港区布局体系。

底图资料来源：安徽省自然资源厅　安徽省标准地图服务

《芜湖市地图—基础要素版》2022版　皖芜S(2022)002号

港区资料来源：《芜湖港总体规划（2016—2030年）》

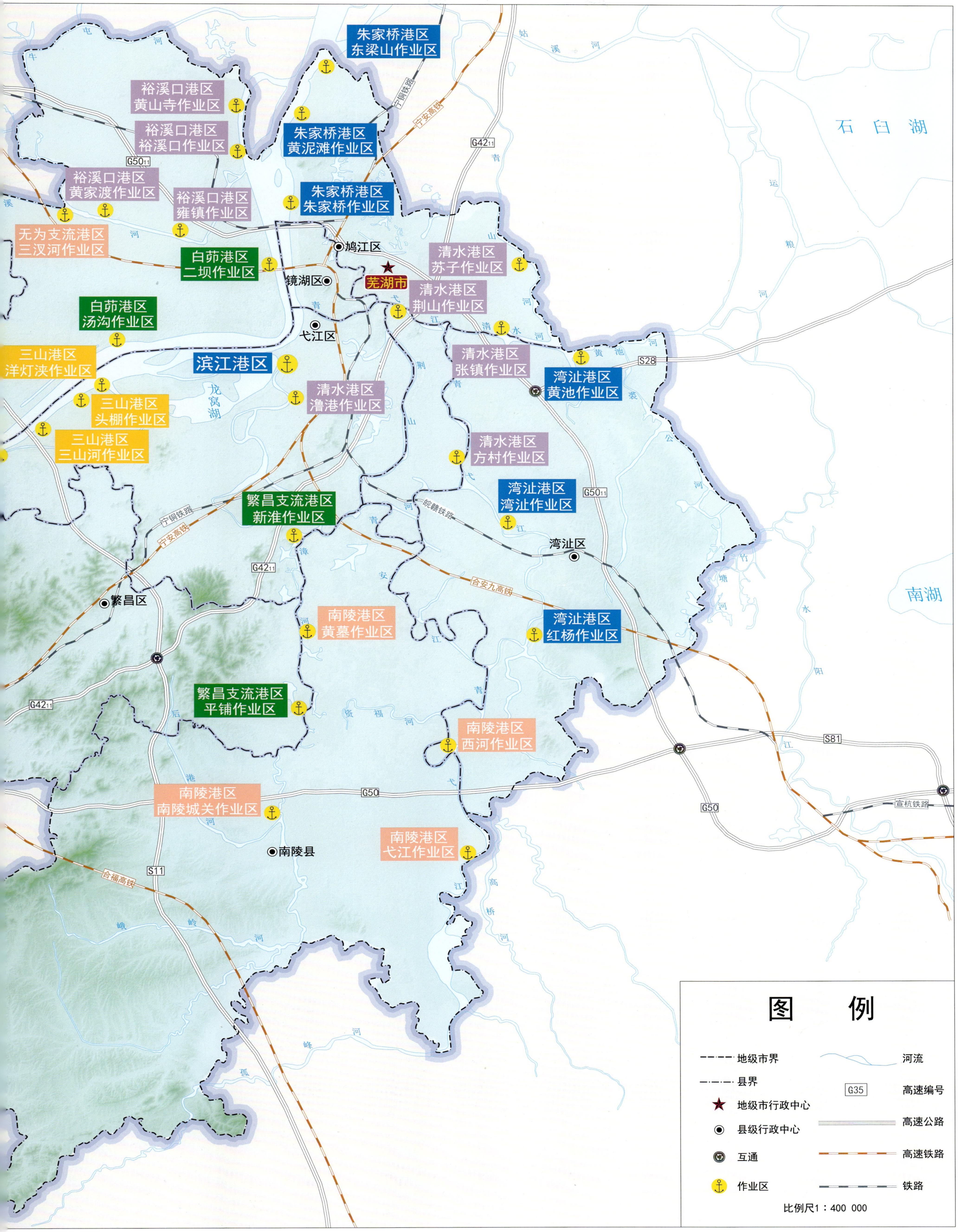
朱家桥港区
东梁山作业区
裕溪口港区
黄山寺作业区
裕溪口港区
裕溪口作业区
朱家桥港区
黄泥滩作业区
裕溪口港区
黄家渡作业区
裕溪口港区
雍镇作业区
朱家桥港区
朱家桥作业区
无为支流港区
三汊河作业区
白茆港区
二坝作业区
鸠江区
清水港区
苏子作业区
芜湖市
镜湖区
清水港区
荆山作业区
白茆港区
汤沟作业区
弋江区
三山港区
洋灯渎作业区
滨江港区
清水港区
张镇作业区
湾沚港区
黄池作业区
龙窝湖
清水港区
澛港作业区
三山港区
头棚作业区
三山港区
三山河作业区
清水港区
方村作业区
繁昌支流港区
新淮作业区
湾沚港区
湾沚作业区
湾沚区
繁昌区
南陵港区
黄墓作业区
湾沚港区
红杨作业区
繁昌支流港区
平铺作业区
南陵港区
西河作业区
南陵港区
南陵城关作业区
南陵县
南陵港区
弋江作业区
石臼湖
南湖
宁铜铁路
宁安高铁
宁铜铁路
宁安高铁
皖赣铁路
合安九高铁
合福高铁
宣杭铁路
G5011
G4211
S28
S81
G50
S11
图例
地级市界
县界
地级市行政中心
县级行政中心
互通
作业区
河流
G35
高速编号
高速公路
高速铁路
铁路
比例尺1：400 000

铜陵港本着突出生态保护、支撑铜陵发展、促进港城协调、坚持集约利用、拓展港口功能和推进跨江发展原则，打造横港港区、长山港区、永丰港区、江北港区和枞阳港区五大港区，形成"一港五区、港园联动、港城协调、以港兴市"的总体发展格局。

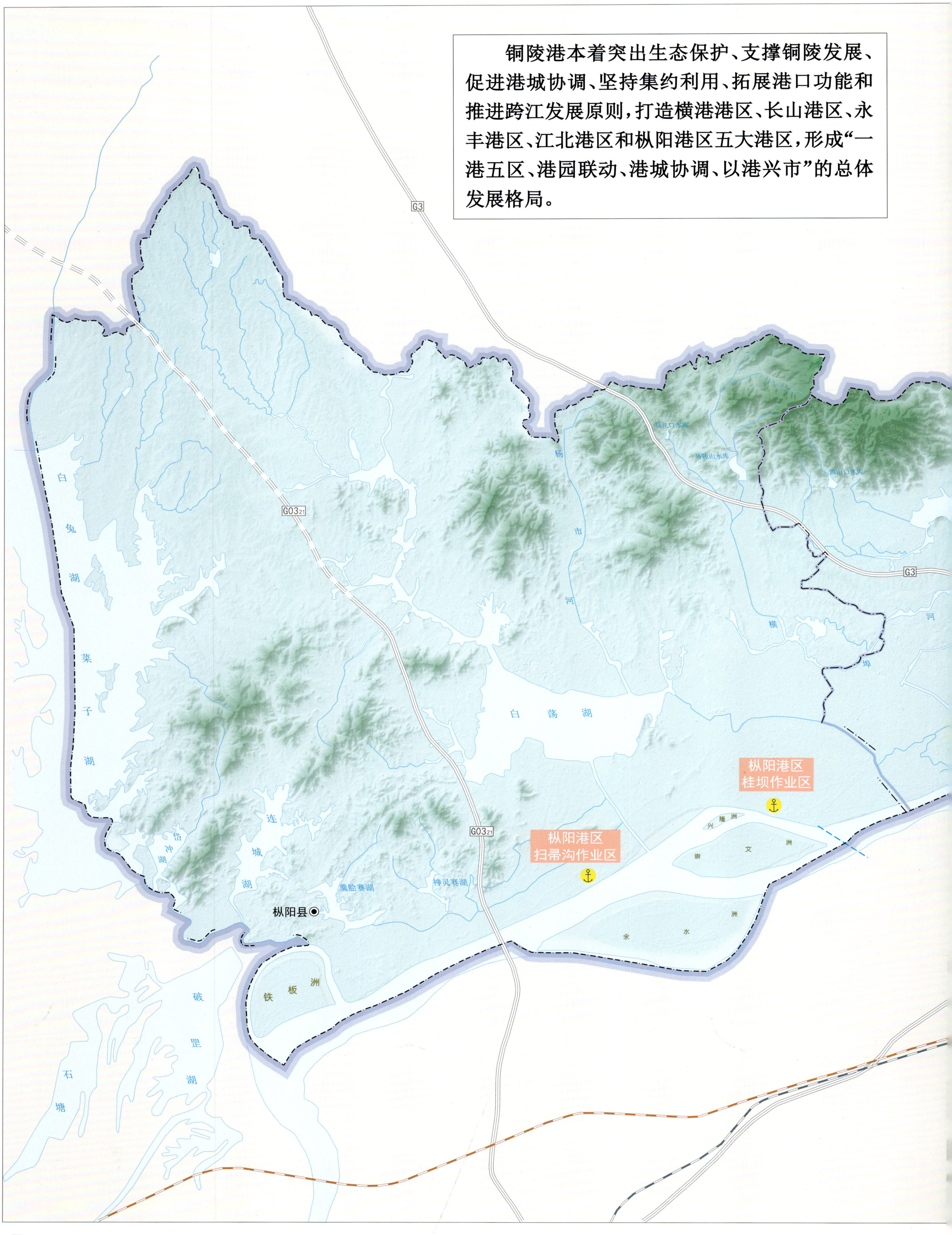
G3
G0321
白兔湖
菜子湖
白荡湖
杨市河
横埠河
枞阳港区
桂坝作业区
枞阳港区
扫帚沟作业区
枞阳县
连城湖
岱冲湖
铁板洲
破罡湖
石塘湖

沪铜铁路
长山港区
钱湾作业区
永丰港区
姚滩作业区
永丰港区
永丰作业区
长山港区
笠帽山作业区
铜陵市
铜官区
义安区
横港港区
长湖滩作业区
郊区
江北港区
宁安高铁
宁铜铁路
合福高铁
铜九铁路
S32
S92
G50
铁锚家洲
夹江
汀洲
南顺河
钟仓河
成德洲
新沙洲
小沙洲
西湖
东湖
黄浒河
新桥河
枫沙湖
陈瑶湖
和悦洲
小铁板洲
天目湖
双丰圩
底图资料来源：安徽省自然资源厅　安徽省标准地图服务
《铜陵市地图》（2021版）　皖铜S(2021)1号
港区资料来源：《铜陵港总体规划（2035年）》
铜陵市郊区
铜山镇
比例尺1：196 000
贵池区
铜山镇
宁铜铁路
铜陵市郊区
安庆矿区办事处
比例尺1：130 000
怀宁县
宜秀区
安庆矿区办事处
牧岭河
图例
地级市界
县界
地级市行政中心
县级行政中心
乡镇行政中心办事处
互通
作业区
河流
G35
高速编号
高速公路
高速铁路
铁路
比例尺1：287 000

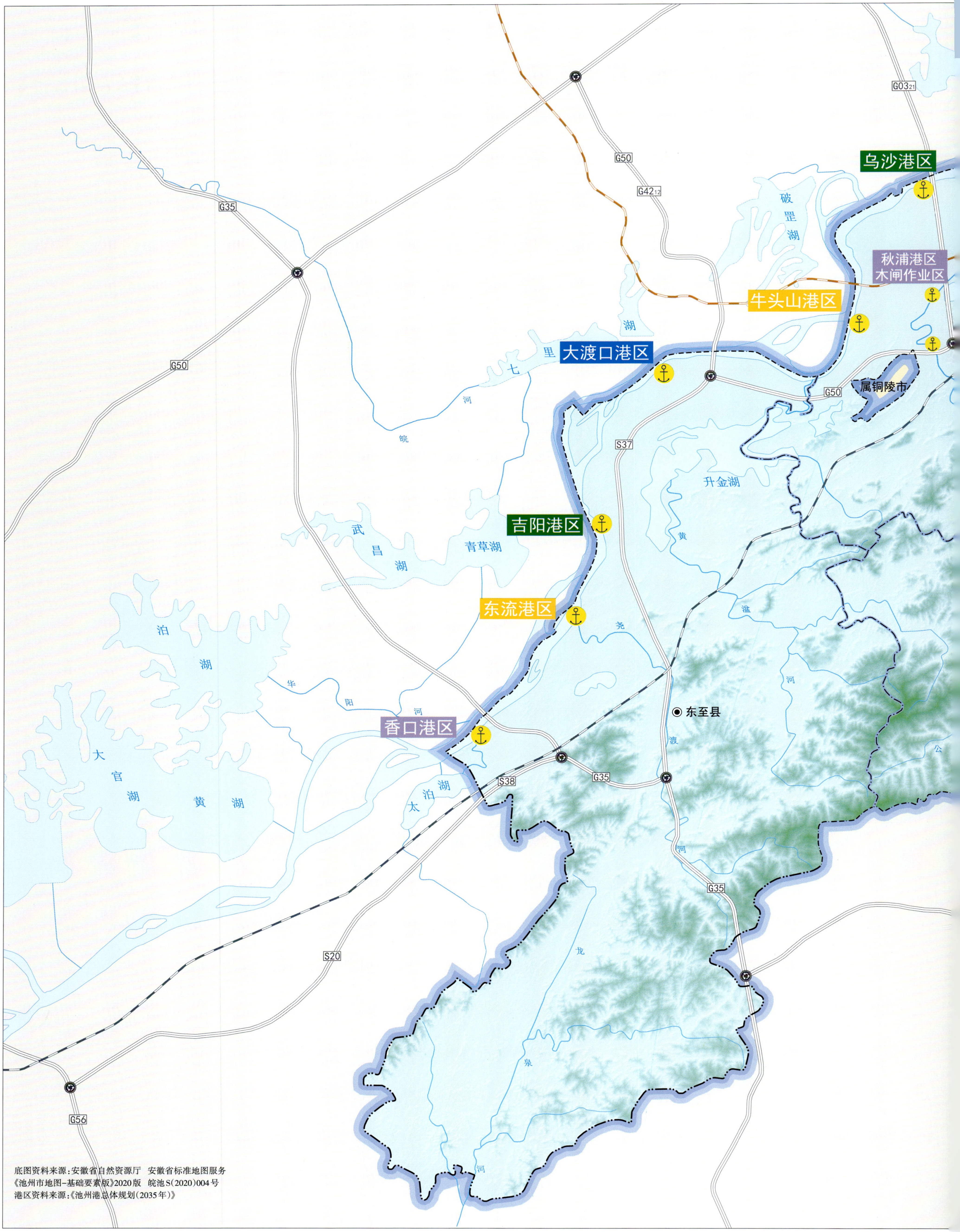
乌沙港区
秋浦港区
木闸作业区
牛头山港区
大渡口港区
吉阳港区
东流港区
香口港区
属铜陵市
东至县
破罡湖
升金湖
七里湖
武昌湖
青草湖
泊湖
大官湖
黄湖
太泊湖
皖河
华阳河
黄湓河
尧渡河
龙泉河
G50
G35
G42
G56
G03
S37
S38
S20

底图资料来源：安徽省自然资源厅　安徽省标准地图服务
《池州市地图-基础要素版》2020版　皖池S(2020)004号
港区资料来源：《池州港总体规划(2035年)》

白荡湖
梅龙港区
江口港区
青通港区
老山作业区
青通港区
童埠作业区
G50
贵池区
池州市
秋浦港区
梅里作业区
宁安高铁
铜九铁路
青阳县
G3
秋浦港区
殷汇作业区
陈村水库
(太平湖)
石台县
G3
S42
图例
地级市界
县界
地级市行政中心
县级行政中心
互通
作业区
河流
G35
高速编号
高速公路
高速铁路
铁路
比例尺1：565 000

池州港沿长江干流划分为香口港区、东流港区、吉阳港区、大渡口港区、牛头山港区、乌沙港区、江口港区、梅龙港区，沿长江支流划分为秋浦港区和青通港区，形成“8+2”港区布局体系。

安庆港素有“千年古渡百年港”和“八省通津”之美誉。现由中心港区、宿松港区、望江港区、桐城港区组成，形成“一江两核、一湖多区、江河联动、两翼并举”层次清晰、结构合理、功能明确的总体布局体系。

岳西县
G35
G42
白莲河
花亭湖
(花凉亭水库)
太湖县
合安九高铁
宿松县
G70
龙湖
大官湖
黄湖
龙感湖
泊湖
宿松港区
王家洲作业区
宿松港区
汇口作业区

底图资料来源：安徽省自然资源厅 安徽省标准地图服务
《安庆市地图-基础要素版》2021版 庆S(2021)003号
港区资料来源：《安庆港总体规划(2021-2035年)》(在编)

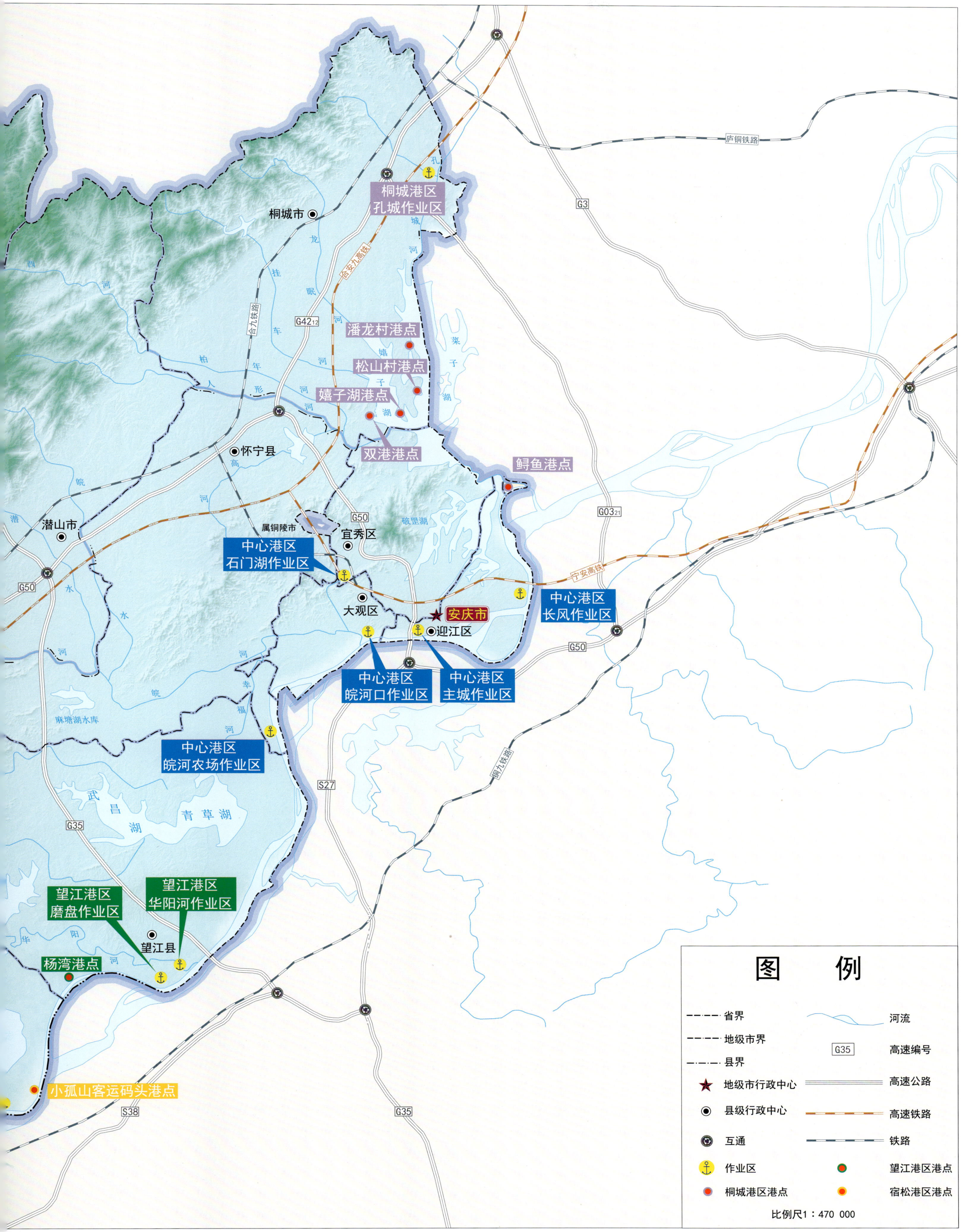
桐城港区
孔城作业区
桐城市
潘龙村港点
松山村港点
嬉子湖港点
双港港点
鲟鱼港点
怀宁县
潜山市
属铜陵市
宜秀区
中心港区
石门湖作业区
大观区
安庆市
迎江区
中心港区
长风作业区
中心港区
皖河口作业区
中心港区
主城作业区
中心港区
皖河农场作业区
麻塘湖水库
武昌湖
青草湖
望江港区
磨盘作业区
望江港区
华阳河作业区
望江县
杨湾港点
小孤山客运码头港点
庐铜铁路
合九铁路
合安九高铁
宁安高铁
铜九铁路
G3
G42
G50
G0321
G35
S27
S38
破罡湖
图例
省界
地级市界
县界
地级市行政中心
县级行政中心
互通
作业区
桐城港区港点
河流
G35
高速编号
高速公路
高速铁路
铁路
望江港区港点
宿松港区港点
比例尺1：470 000

安徽沿江城市生产总值及构成

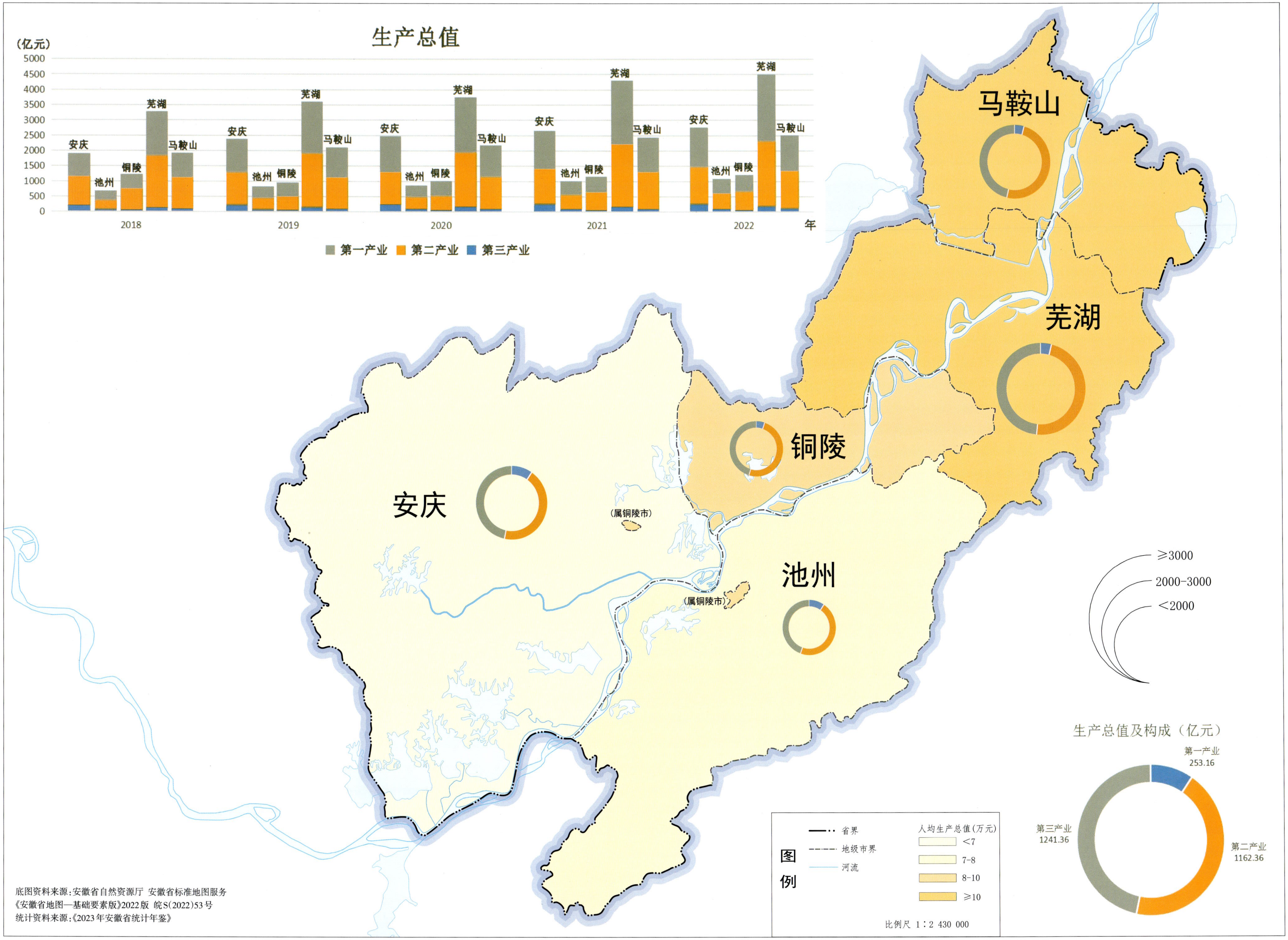

底图资料来源:安徽省自然资源厅 安徽省标准地图服务
《安徽省地图—基础要素版》2022版 皖S(2022)53号
统计资料来源:《2023年安徽省统计年鉴》

安徽沿江城市公共预算收入与港口运力关系

沿江城市一般公共预算收入与港口吞吐量

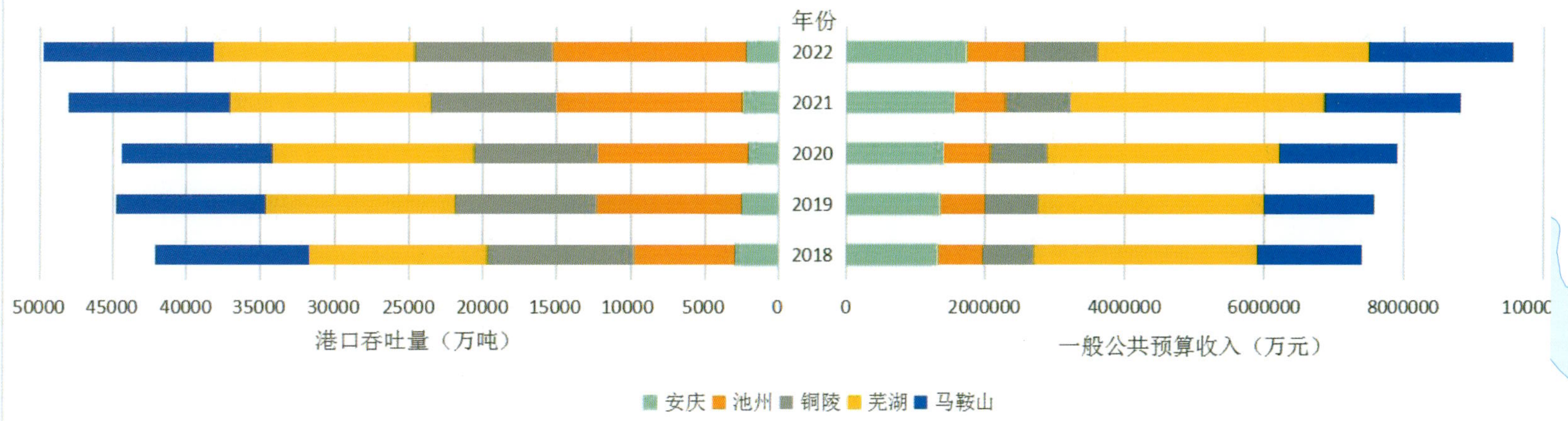
年份
2022
2021
2020
2019
2018
50000 45000 40000 35000 30000 25000 20000 15000 10000 5000 0
港口吞吐量（万吨）
0 2000000 4000000 6000000 8000000
一般公共预算收入（万元）
安庆 池州 铜陵 芜湖 马鞍山

马鞍山
芜湖
铜陵
安庆
池州
(属铜陵市)
(属铜陵市)
图例
省界
地级市界
河流
一般预算收入(万元)
占全省财政预算收入比重(%)
<5
5-10
>10
比例尺 1：2 430 000

底图资料来源：安徽省自然资源厅 安徽省标准地图服务
《安徽省地图—基础要素版》2022版 皖S(2022)53号
统计资料来源：《2023年安徽省统计年鉴》

第四篇

航行参考

长江之水，浩浩汤汤，直奔东海，安徽水运正从奔流的浪花中，汲取新动能。水运带动地方经济发展，长江安徽段干支流两岸经济发展提速，沿江城市面貌日新月异。航行参考图直观展示了航道、水深、助航标志、桥梁及有关陆域地物、地貌等内容，可为船舶提供航行参考，为航运企业和港航管理单位提升航运管理效率发挥重要作用。

淮北市
亳州市
宿州市
阜阳市
蚌埠市
淮南市
滁州市
合肥市
六安市
马鞍山市
芜湖市
宣城市
铜陵市
池州市
安庆市
黄山市

《长江干线安徽段航行参考图》
索 引 图

比例尺 1 ∶650 000

长江安徽段航行参考图引用自2021年版《长江下游航行参考图(吴淞口至武汉)》,审图号:JS(2021)02-055。其中,航标已改正为2022年枯水期,航行规则修正至最新。

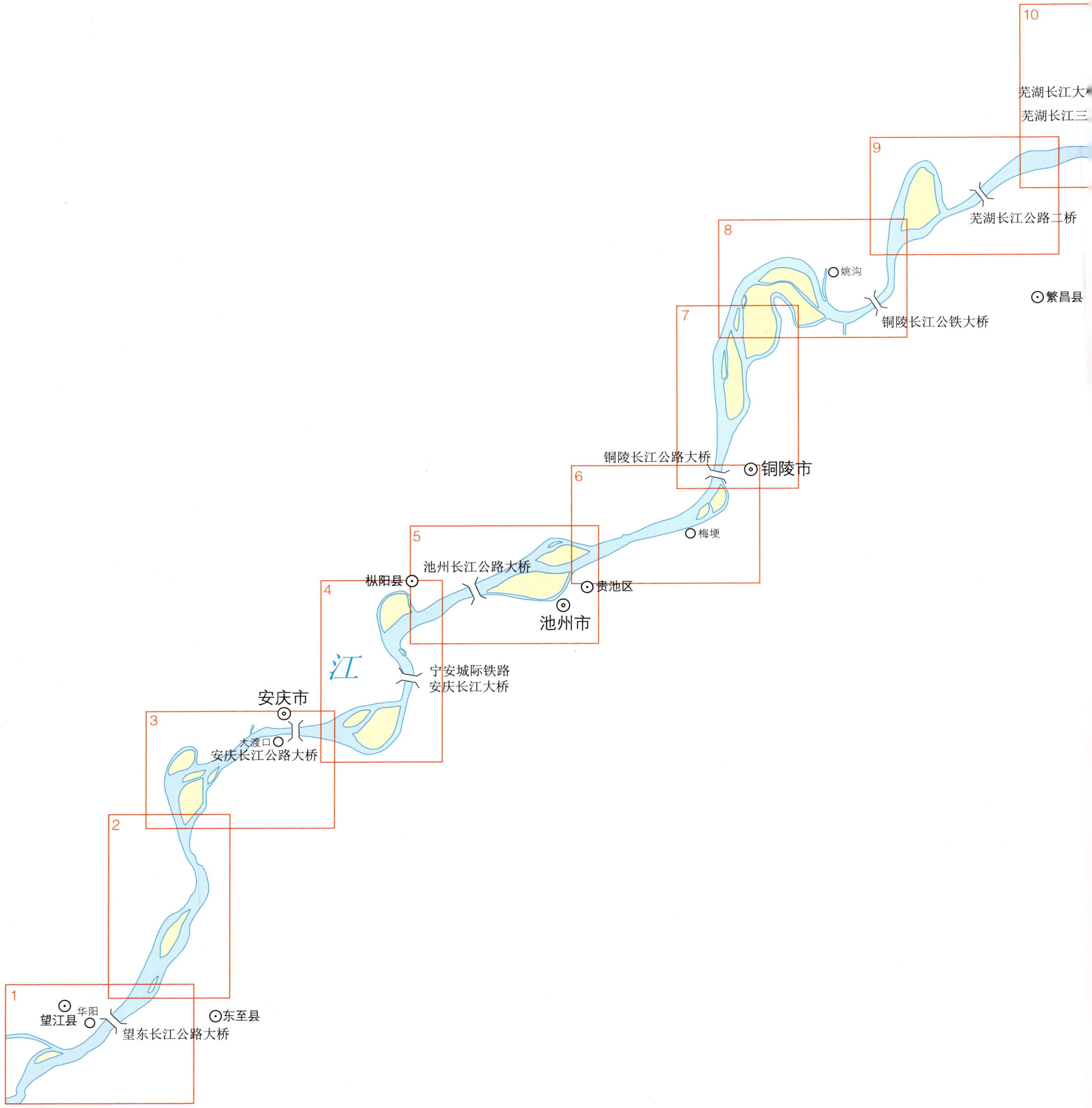
10
芜湖长江大
芜湖长江三
9
芜湖长江公路二桥
8
姚沟
繁昌县
铜陵长江公铁大桥
7
铜陵长江公路大桥
铜陵市
6
梅埂
5
池州长江公路大桥
贵池区
池州市
4
枞阳县
江
宁安城际铁路
安庆长江大桥
安庆市
3
大渡口
安庆长江公路大桥
2
1
望江县
华阳
望东长江公路大桥
东至县

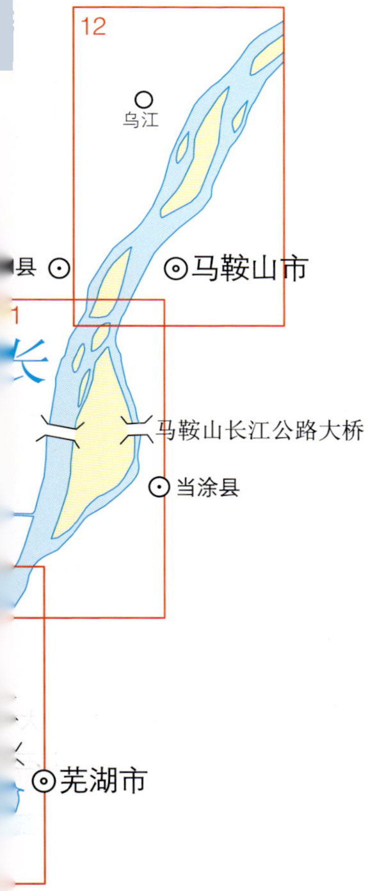

长江干线安徽段及支流航行参考图图例

图　　例

岸线及附属建筑物	斜坡式丁坝（顺坝、鱼骨坝）	水闸
岸线	码头：1. 不依比例尺 2. 依比例尺	汽渡
堤岸	干沟	渔栅
石砌岸	双面堤	潜坝
土质陡岸	石垄	锁坝
含砾土质陡岸	垅	护滩带
石质陡岸	加固坎	**水深　等深线及其他**
防汛墙	未加固坎	水深
公路堤岸	公（铁）路两用桥及桥墩	软性滩
磊石岸	公路桥	等深线
加固斜坡护岸	建设中桥梁	危险界
丁坝：1. 不依比例尺 2. 依比例尺	过江隧道	山形线
矶头	小桥	注记引线

图　　例

航行提示
深水航道
定线制主航道分隔带
定线制主航道分隔线
推荐航路专用航路
推荐航路分隔线
大型船流向
小型船流向
航行警戒区
长江锚地N08 有编号、名称锚地
危险品锚地
检疫锚地
航道中心线
VTS报告线
江(海)底电缆
地下管线
上（下）水管线
停泊区

SF	水上服务区
独立地物	
	辅助点
	推方位测点
	避雷针
	无线电杆、塔
	雷达站（海事）
	取水（出水）口
	纪念碑
	旗杆
	亭
	钟楼、城楼、鼓楼
	碉堡
	寺庙
	宝塔
	塔形建筑物
	水塔
	烟囱
	特著电杆

	变电室
	露天设备
	提示牌
	丁坝
	高压电塔
	低压电杆
	风讯杆
	信号杆
礁石　沉船　障碍物	
	岩石滩
1　2	危险区 1.依比例尺 2.不依比例尺
	明礁
	干出礁
	适淹礁
	不明深度的暗礁
(0₇)	明确深度的暗礁
概位	概位礁
	部分船体露出航行基准面的沉船
	浅于障碍物上规定深度的沉船（南京大桥上＜6.5m;下＜12.5m)

石堆	已知性质不明深度的障碍物
	深于障碍物上规定深度的沉船（南京大桥上＞6.5m;下＞12.5m)
	概位沉船
船 (5₂)	测出深度的沉船
碍	不明性质深度的障碍物
碍 (/₅)	不明性质测出深度的障碍物
铁钎 (2₃)	已知性质测出深度的障碍物
	乱石
	独立石
助航设备	

左岸	右岸	名　称
		过河标
		过河浮标
		沿岸标
		锥、罐形岸标
		侧面岸标
		柱形浮标
		界限浮标
		锥、罐形浮标

背景深暗处	背景明亮处	名　称
		泛滥标
		灯船
		示位标
		导标
		过渡导标

	渡口警示标
	柱形左右通航标
	锥形左右通航浮
	左右通航标(设于岸上)
	左右通航灯船
	禁航标
	界限标
	水底、架空管线标
	水底、架空管线浮标
	专用浮
	危险水域浮
	专用岸标
	危险水域标

	系船浮
	独标
	独角标
	禁航浮
	禁止抛锚标志
	桥涵标
	整治建筑物提示岸标
	提示浮
	航道信息浮
	鸣笛标
V-AIS	AIS虚拟左侧标
V-AIS	AIS虚拟右侧标
V-AIS	AIS虚拟界限标
V-AIS	AIS虚拟专用标
V-AIS	AIS虚拟沉船示位标
V-AIS	AIS虚拟孤立危险物标
植被	
	芦苇
	水稻

	旱地
	绿化岛、花圃
	湿草地
	竹丛
	成树林
	针叶树
其他	
	长江航道局
	区域航道局
	航道处
	乡镇、街道
	村委会
	水尺
	水文站
	水流方向
长江安庆航道处 长江华阳航道处	航道管理部门分界线
	石质河床范围线
950	里程线及注记
接2号图	接幅线及注记

长江干线安徽段航行参考图（雷港口—新洲）

雷港口 — 新洲

比例尺 1：50 000

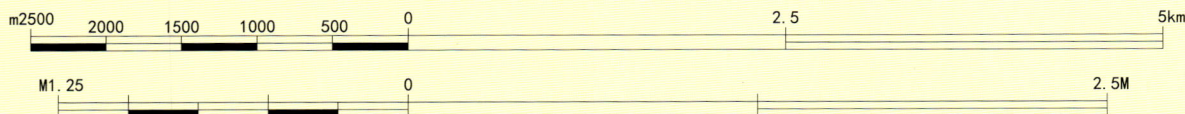

绘图深度基准：1971年版当地航行基准面
测量日期：2022年09月08日至10月17日
测时水位：1.72米至2.28米

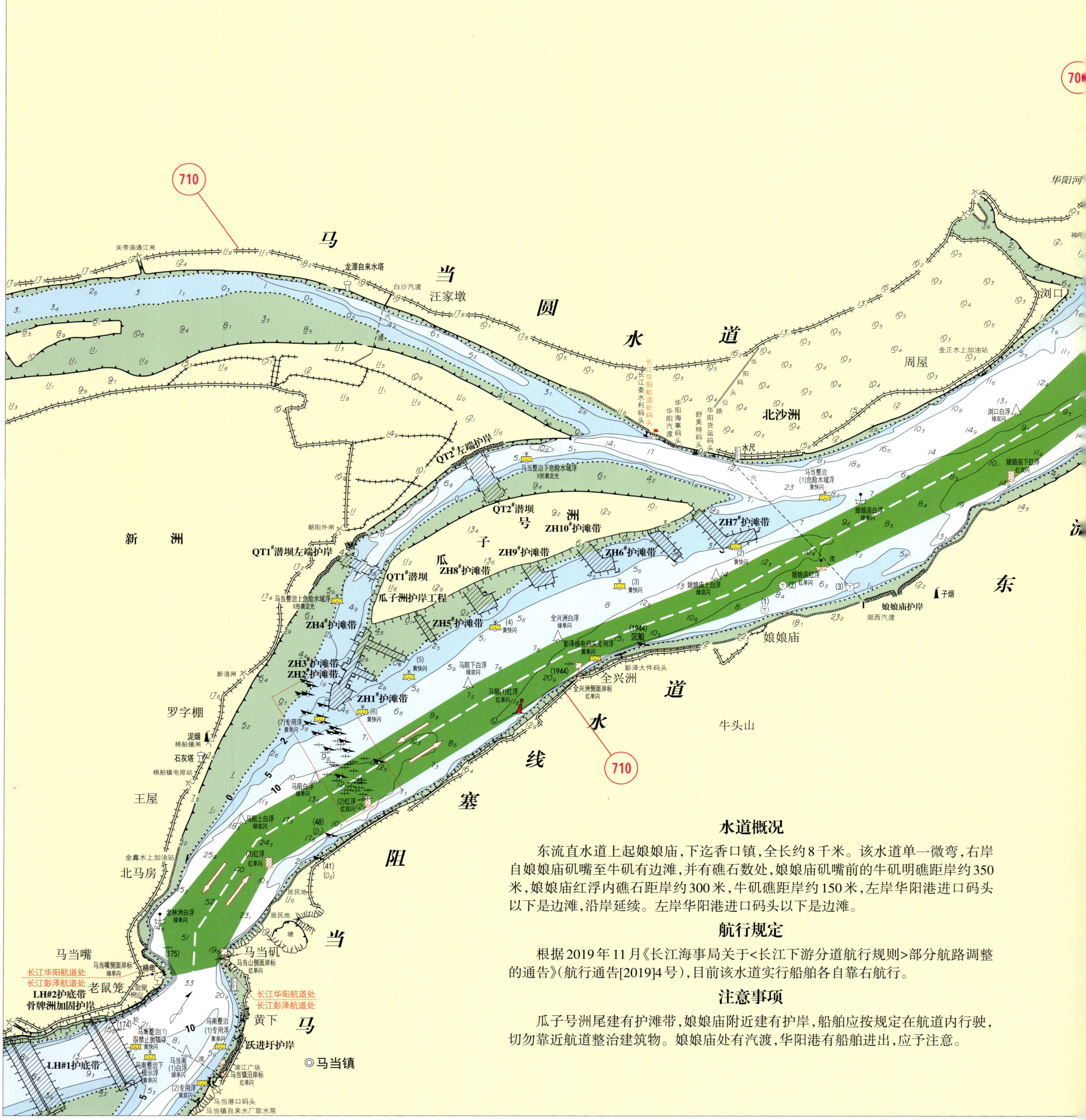

水道概况

东流直水道上起娘娘庙，下迄香口镇，全长约8千米。该水道单一微弯，右岸自娘娘庙矶嘴至牛矶有边滩，并有礁石数处，娘娘庙矶嘴前的牛矶明礁距岸约350米，娘娘庙红浮内礁石距岸约300米，牛矶礁距岸约150米，左岸华阳港进口码头以下是边滩，沿岸延续。左岸华阳港进口码头以下是边滩。

航行规定

根据2019年11月《长江海事局关于<长江下游分道航行规则>部分航路调整的通告》（航行通告[2019]4号），目前该水道实行船舶各自靠右航行。

注意事项

瓜子号洲尾建有护滩带，娘娘庙附近建有护岸，船舶应按规定在航道内行驶，切勿靠近航道整治建筑物。娘娘庙处有汽渡，华阳港有船舶进出，应予注意。

接2号图

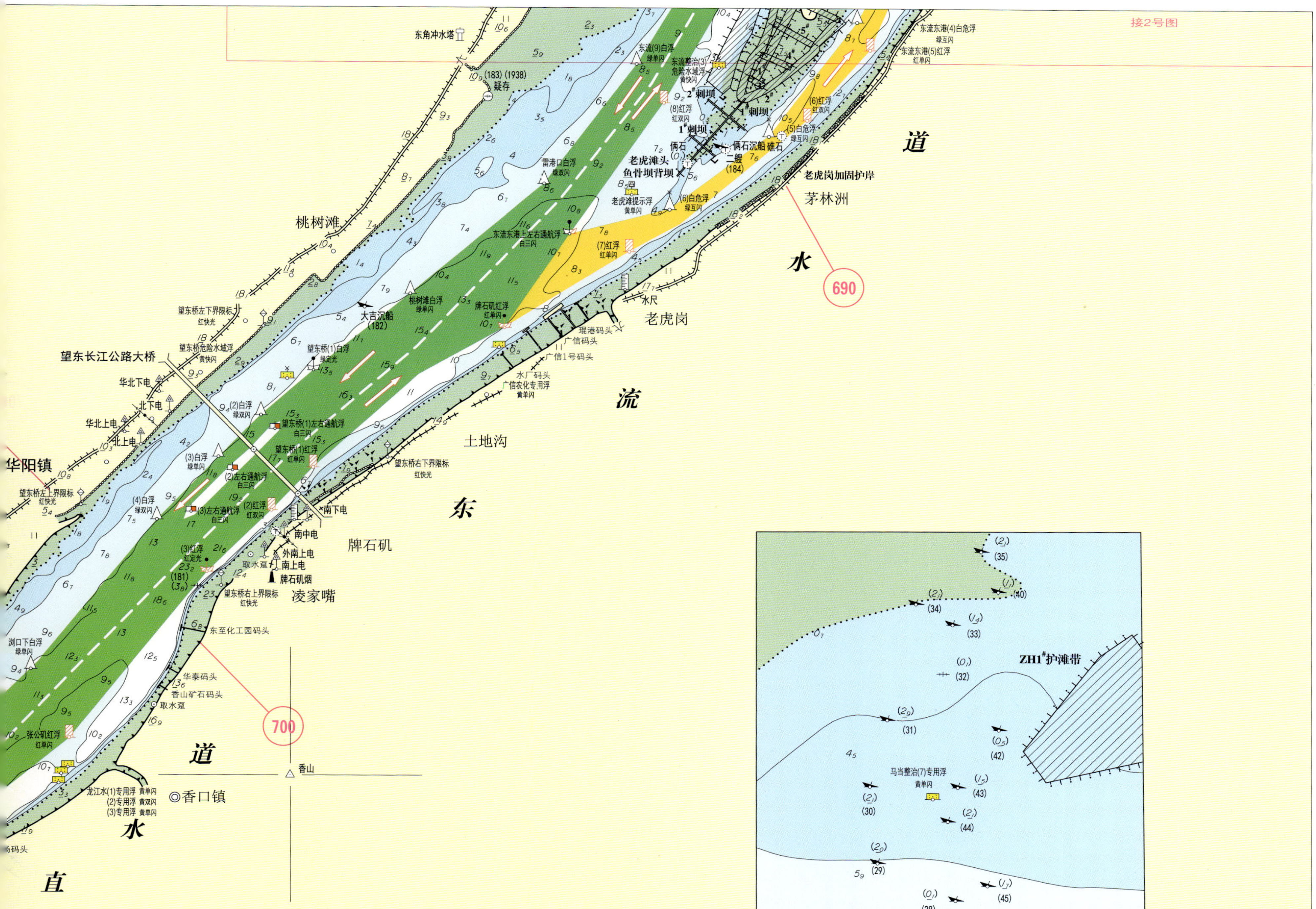
东角冲水塔
(183) (1938)
疑存
桃树滩
华阳镇
望东长江公路大桥
望东桥左下界限标
红快光
望东桥危险水域浮
黄快闪
华北下电
北下电
华北上电
北上电
望东桥左上界限标
红快光
大吉沉船
(182)
桃树滩白浮
绿单闪
牌石矶红浮
红单闪
望东桥(1)白浮
绿定光
(2)白浮
绿双闪
望东桥(1)左右通航浮
白三闪
望东桥(1)红浮
红单闪
(3)白浮
绿单闪
(2)左右通航浮
白三闪
(4)白浮
绿双闪
(3)左右通航浮
白三闪
(2)红浮
红双闪
(3)红浮
红定光
(181)
南下电
南中电
外南上电
南上电
取水窟
牌石矶烟
牌石矶
凌家嘴
望东桥右上界限标
红快光
东至化工园码头
泖口下白浮
绿单闪
华泰码头
香山矿石码头
取水窟
张公矶红浮
红单闪
龙江水(1)专用浮 黄单闪
(2)专用浮 黄双闪
(3)专用浮 黄单闪
◎香口镇
香山
道
水
直
东
流
土地沟
望东桥右下界限标
红快光
水厂码头
广信农化专用浮
黄单闪
琨港码头
广信码头
广信1号码头
老虎岗
水尺
690
700
东流东港上左右通航浮
白三闪
(7)红浮
红单闪
雷港口白浮
绿双闪
老虎滩提示浮
黄单闪
老虎滩头
鱼骨坝背坝
俩石
俩石沉船 礁石
二艘
(184)
(6)白危浮
绿互闪
(8)红浮
红双闪
1#刺坝
2#刺坝
1#刺坝
东流(9)白浮
绿单闪
东流整治(3)
危险水域浮
黄快闪
(6)红浮
红双闪
(5)白危浮
绿互闪
老虎岗加固护岸
茅林洲
东流东港(4)白危浮
绿互闪
东流东港(5)红浮
红单闪

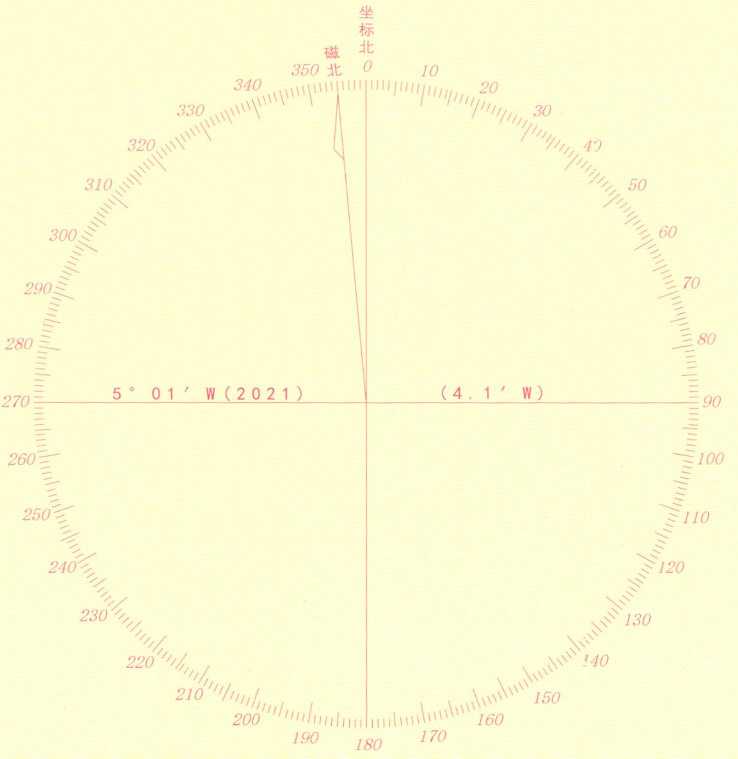
坐标北
磁北
5° 01′ W(2021)
(4.1′ W)

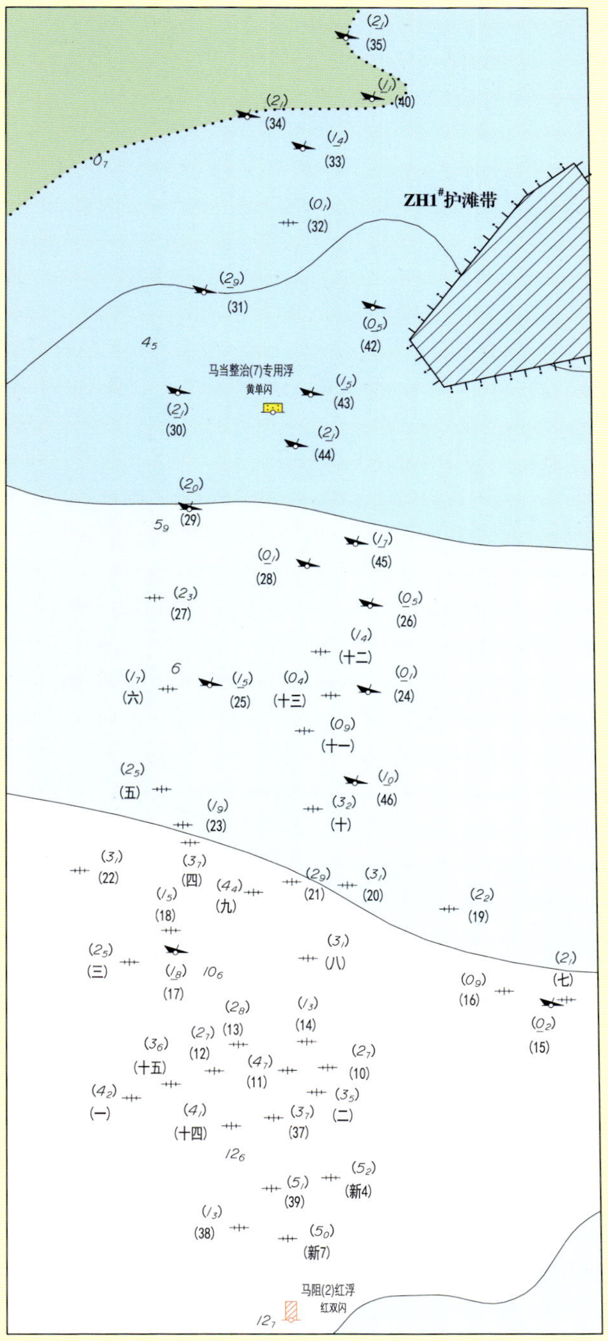
ZH1#护滩带
马当整治(7)专用浮
黄单闪
马阻(2)红浮
红双闪

马当阻塞线沉船图

比例尺 1：12 500

引用自2021年版《长江下游航行参考图(吴淞口至武汉)》,审图号:JS(2021)02-055。

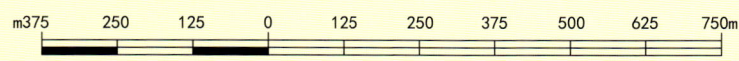

长江干线安徽段航行参考图(复生洲一雷港口)

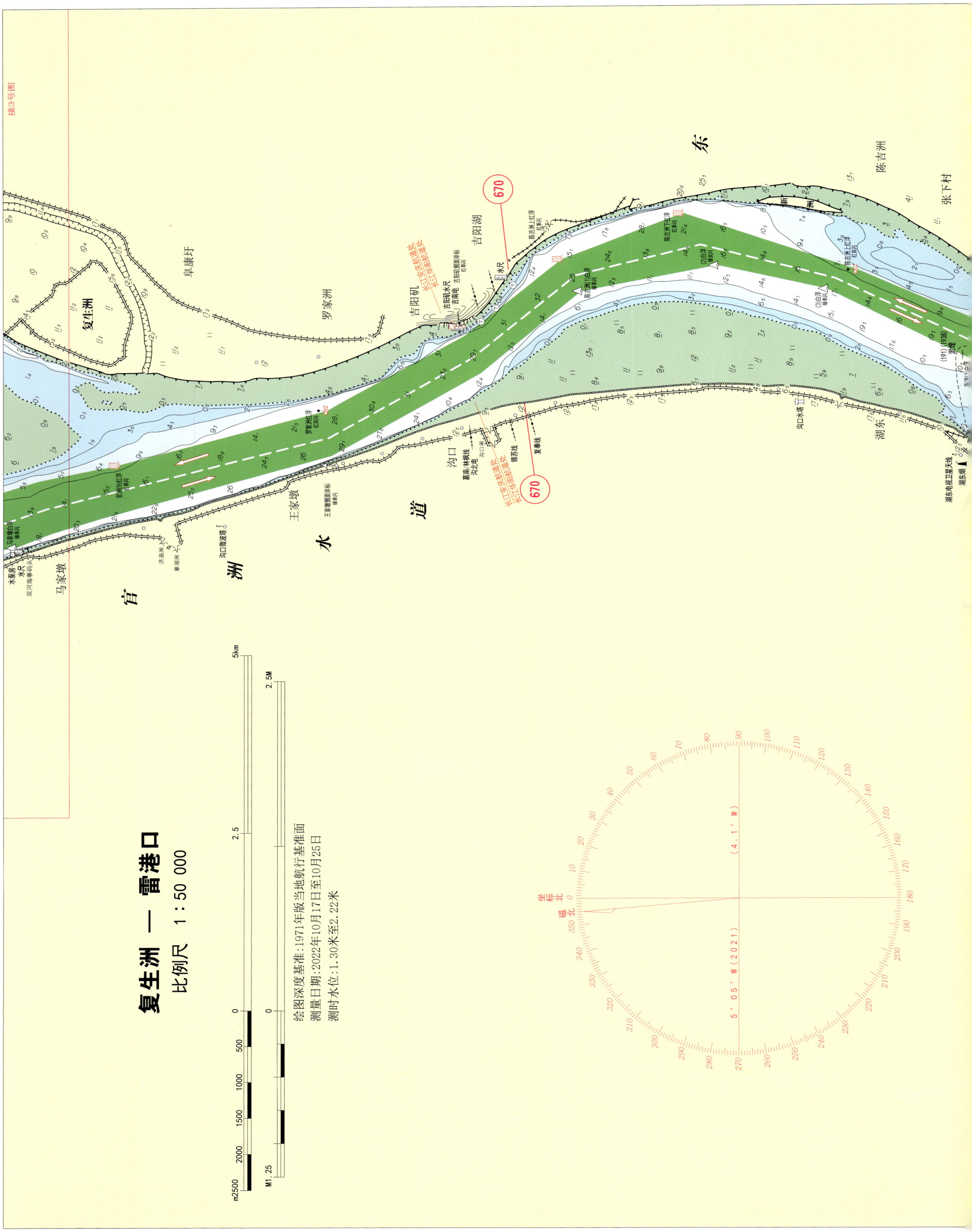

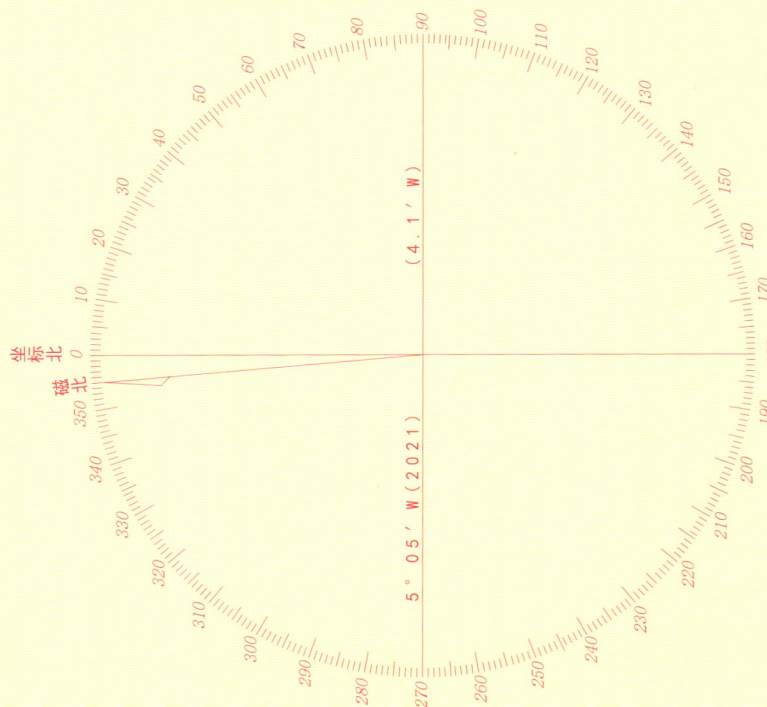

水道概况

东流水道上起香口镇，下迄吉阳矶，全长约31千米，属顺直多分汊河型，自上而下分为进口段、分汊段及出口段。进口段从华阳河口至天心洲头，长约5千米，河道单一，顺直放宽，右岸多为临江山坡地，香口至老虎岗沿岸均有礁石，左岸为华阳河口下延边滩；分汊段从天心洲头至狭阳湖，江中自上而下分布有天心洲、天沙洲、玉带洲、棉花洲等洲滩，将水道分成东港、西港和莲花洲港，东港和西港目前开辟为航道；狭阳湖以下为出口段，长约8千米，河道单一，微弯窄深，左岸为陈吉洲边滩，右岸为弯道凹岸，受山矶的保护，河岸较为稳定。整个水道右岸边界自上而下有乌石矶、稠林矶、牛头山、吉阳矶等山矶。东流水道进口处建有望东长江公路大桥，于2016年12月通车，下游约5.5千米进入东流浅区。

航行规定

根据2019年11月《长江海事局关于<长江下游分道航行规则>部分航路调整的通告》(航行通告[2019]4号)，目前该水道实行船舶各自靠右航行。

根据《关于东流水道航行规则临时调整的通告》(安海航[2022]4号)，东流西港调整为双向通航，东流东港调整为下行船舶单向通航。

注意事项

望东长江公路大桥为单孔双向通航。东流水道建有老虎滩护滩带和头部鱼骨坝、左岸丁坝群、玉带洲头鱼骨坝、天玉串沟护底带、老虎岗和七里湖护岸工程，航道整治建筑物水域设有专用标志标明位置，请行船注意，切勿穿越。吉阳矶附近有回流和扫弯水，上游有礁石数处，应予注意。

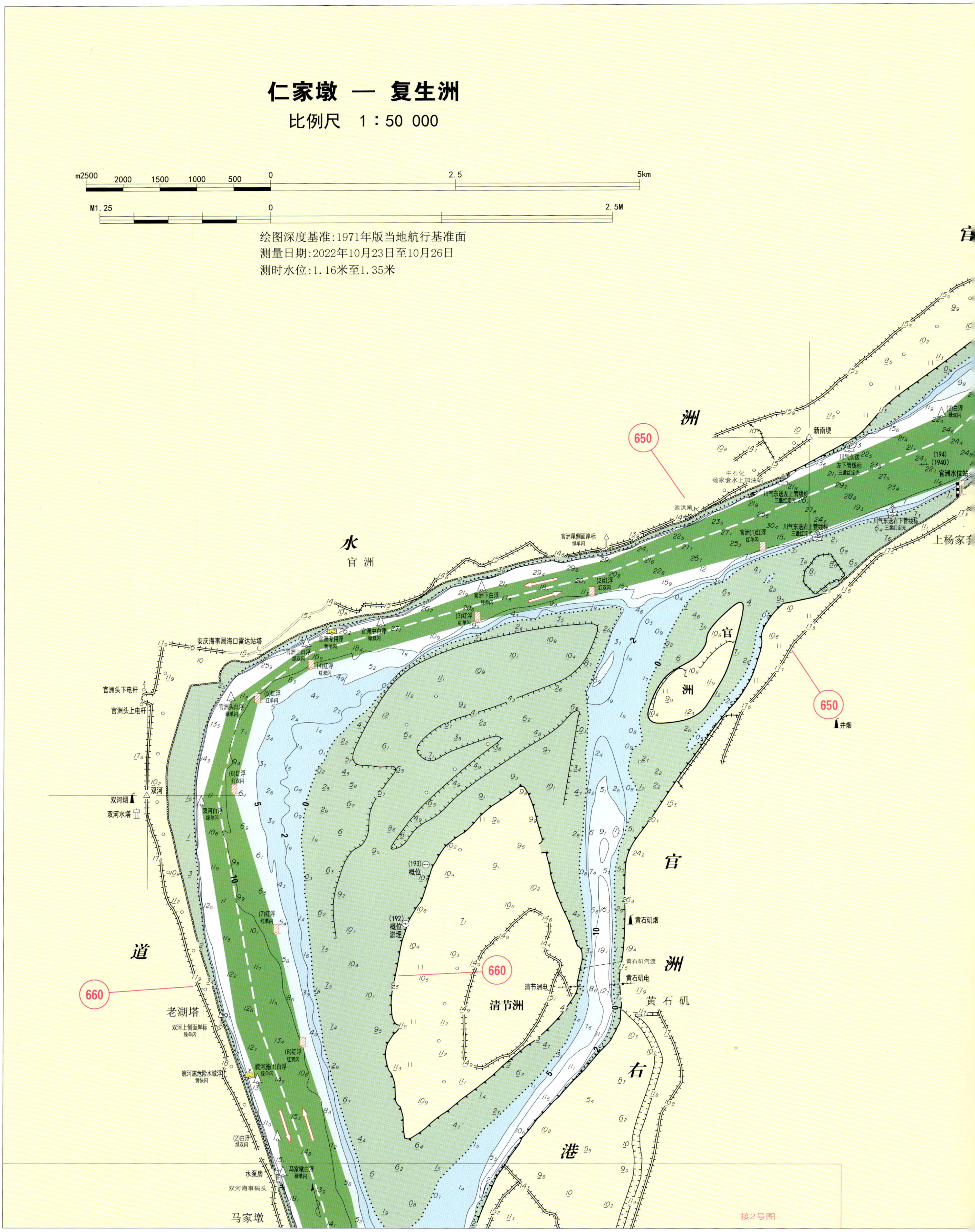
仁家墩 — 复生洲
比例尺 1：50 000
绘图深度基准：1971年版当地航行基准面
测量日期：2022年10月23日至10月26日
测时水位：1.16米至1.35米
水
官 洲
洲
官
洲
官
洲
道
老湖塔
清节洲
黄 石 矶
石
港
马家墩
上杨家
新南埂
安庆海事局海口雷达站塔
官洲头下电杆
官洲头上电杆
双河烟
双河水塔
双河
黄石矶烟
黄石矶汽渡
黄石矶电
清节洲电
井烟
水泵房
双河海事码头
650
660
接2号图

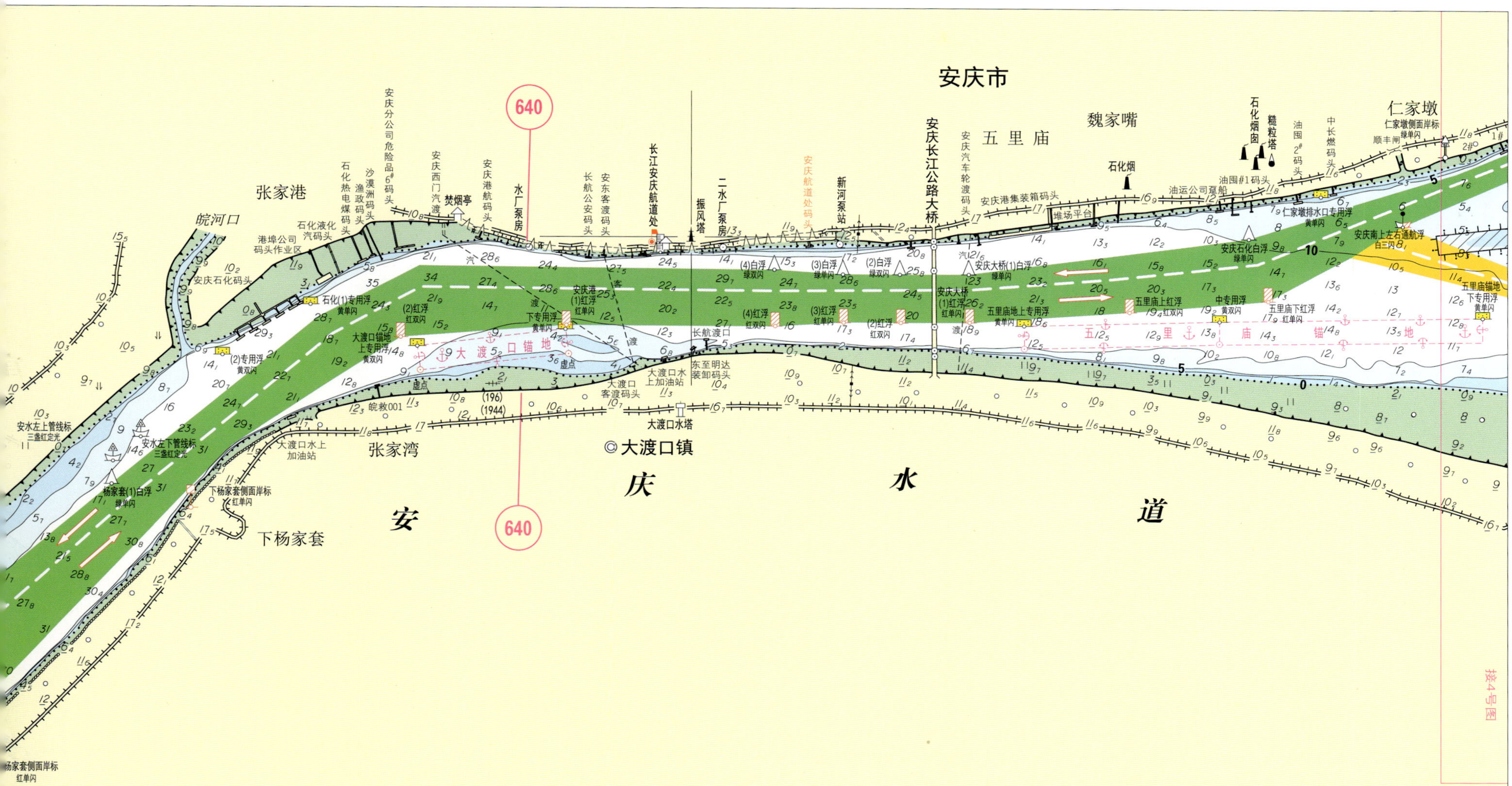
安庆市
五里庙
魏家嘴
仁家墩
张家港
皖河口
张家湾
下杨家套
大渡口镇
安
庆
水
道
640
640
安庆长江公路大桥
大渡口锚地
五里庙锚地
接4号图

水道概况

官洲水道上起吉阳矶，下迄皖河口，全长26千米。官洲水道为典型鹅头型汊道，江心有官洲、清节洲、复生洲等洲，分隔成多条汊道。官洲水道位于官洲右侧，为全年通航主航道，深槽傍左岸。官洲头以上段航道顺直宽畅，在官洲头航道由北向东约90度转弯，进入官洲直港。直港左侧的官洲右缘有抛石护岸，右侧为清节洲边滩。清节洲与复生洲之间为官洲右港，又称黄石矶水道。官洲尾至皖河口航道偏右岸。

航行规定

根据2019年11月《长江海事局关于<长江下游分道航行规则>部分航路调整的通告》（航行通告[2019]4号），目前该水道实行船舶各自靠右航行。

注意事项

官洲尾注意会船，官洲头航道弯曲，应谨慎驾驶。

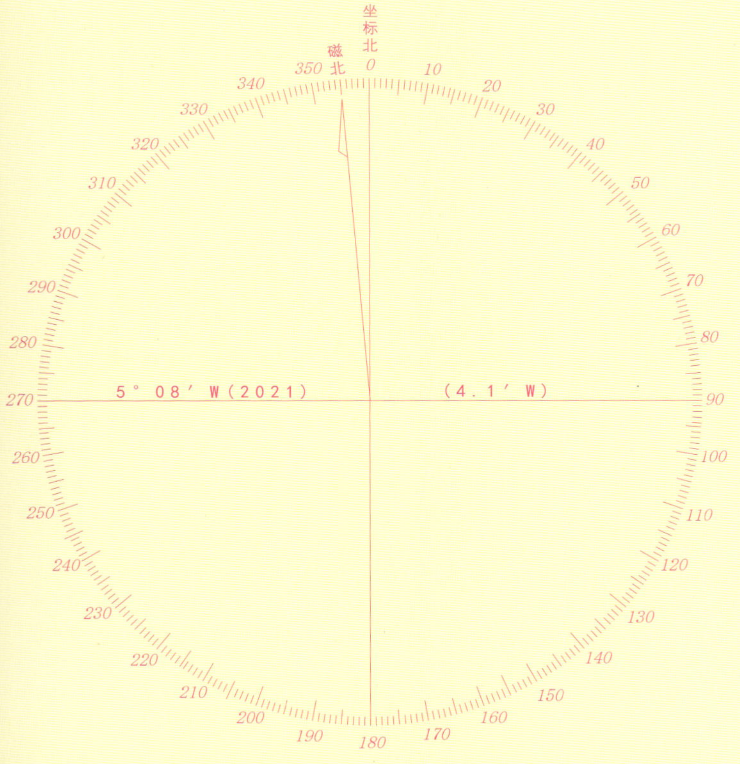
坐标北
磁北
5°08′W(2021)
(4.1′W)

引用自2021年版《长江下游航行参考图(吴淞口至武汉)》，审图号：JS(2021)02-055。

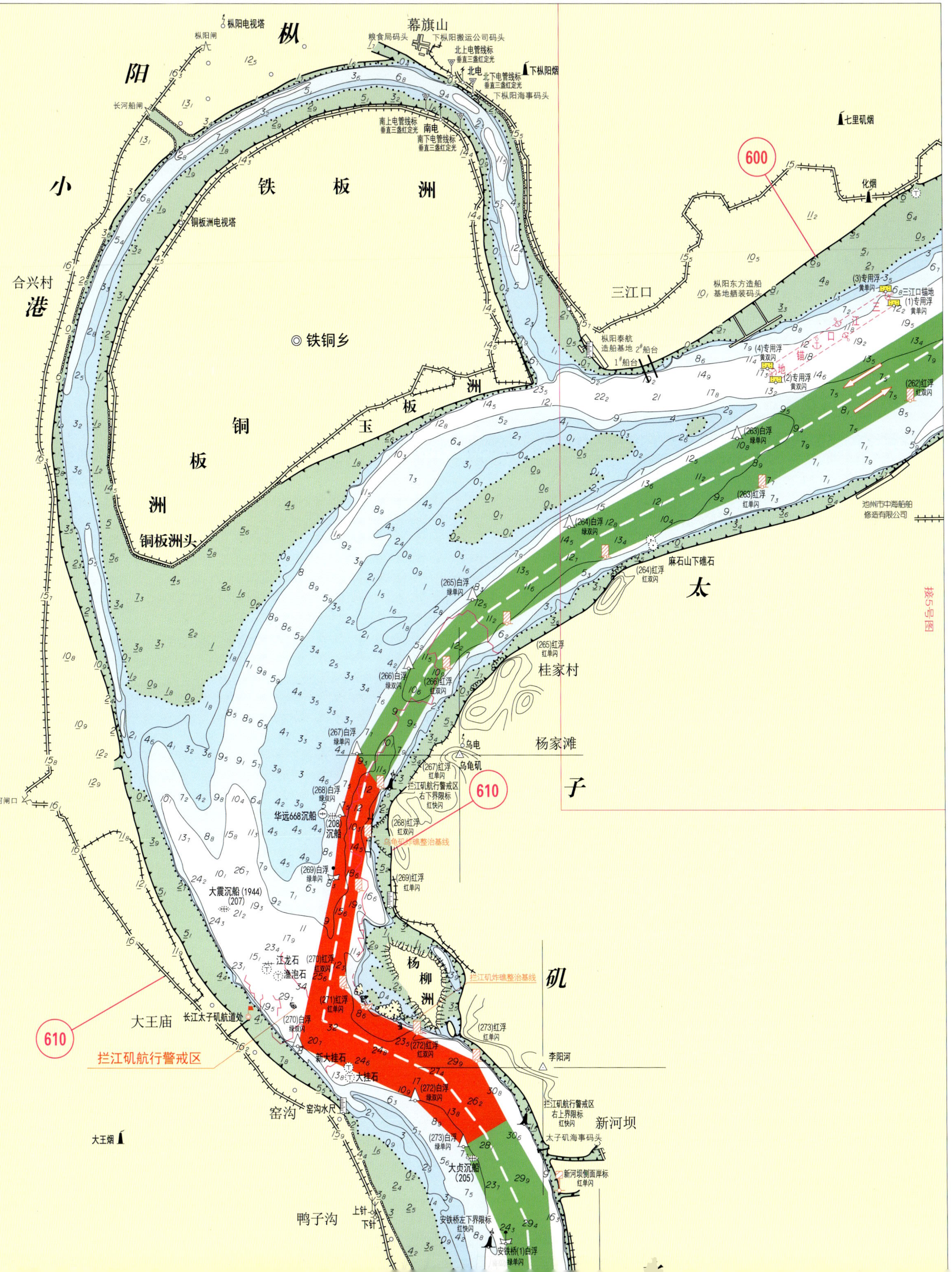

水道概况

安庆水道上起皖河口，下迄钱江嘴，全长23千米。右岸上下杨家套之间有护岸抛石，张家湾至大渡口一段是凸岸，有边滩外伸，深泓偏向左岸。皖河口以下是安庆港，港区内江面宽畅，岸线稳定。安庆水道在仁家墩下河道被江心洲、鹅毛洲、新洲分为两汊，北汊即安庆水道下段，为主航道；南汊为安庆南水道，航程远且狭窄弯曲，已开通为副航道；鹅毛洲与江心洲间中汊已淤废，在鹅毛洲头派生出新洲，形成新中汊。南北两支水流在钱江嘴汇合下泄，航道在此转弯。安庆港五里庙港区建有安庆长江公路大桥。

太子矶水道上起钱江嘴，下迄新开沟，全长约26千米。左岸钱江嘴下至窑沟有鸭子沟边滩，右岸丘陵临江，岸线稳定凹进，深泓临凹岸侧，拦江矶突出右岸，矶外礁矶头处水深流急。拦江矶以下江中有铜板洲、铁板洲、玉板洲三个沙洲相连，将江流分成左右两汊，左汊为枞阳小港，航道弯、窄、浅；右汊是主汊，主汊由一心滩分为东西两港，太子矶东港现为主航道，东港航槽偏右岸，至三江口与枞阳小港汇流。拦江矶上游建有宁安城际铁路安庆长江大桥。

航行规定

根据2019年11月《长江海事局关于<长江下游分道航行规则>部分航路调整的通告》(航行通告[2019]4号)，目前安庆水道实行船舶各自靠右航行。进出安庆南水道的船舶应按《长江安庆南水道有关通航安全管理的通告》航行。根据长江海事局发布的《长江安徽段船舶定线制规定(2019)》，太子矶水道实行船舶各自靠右航行原则。

注意事项

安庆长江公路大桥为单孔双向通航。安庆水道建有新洲头部护滩、新中汊护底和鹅毛洲左缘护岸工程，航道整治建筑物水域设有专用标志标明位置，请行船注意，切勿穿越。安庆港区进出港船舶较多，安庆长江公路大桥下游设有五里庙锚地，常有船舶进出，钱江口有船舶进出安庆南水道，钱江嘴流态紊乱，应予注意。

航行船舶务必遵守拦江矶航行警戒区规定。已建成的宁安城际铁路安庆长江大桥为单孔双向通航。航道弯曲，船舶应加强瞭望、谨慎驾驶。钱江口、三江口分别有进出安庆南水道、枞阳小港的船舶，应予注意。

三江口 — 仁家墩

比例尺 1：50 000

绘图深度基准:1971年版当地航行基准面
测量日期:2022年10月23日至11月07日
测时水位:0.85米至1.16米

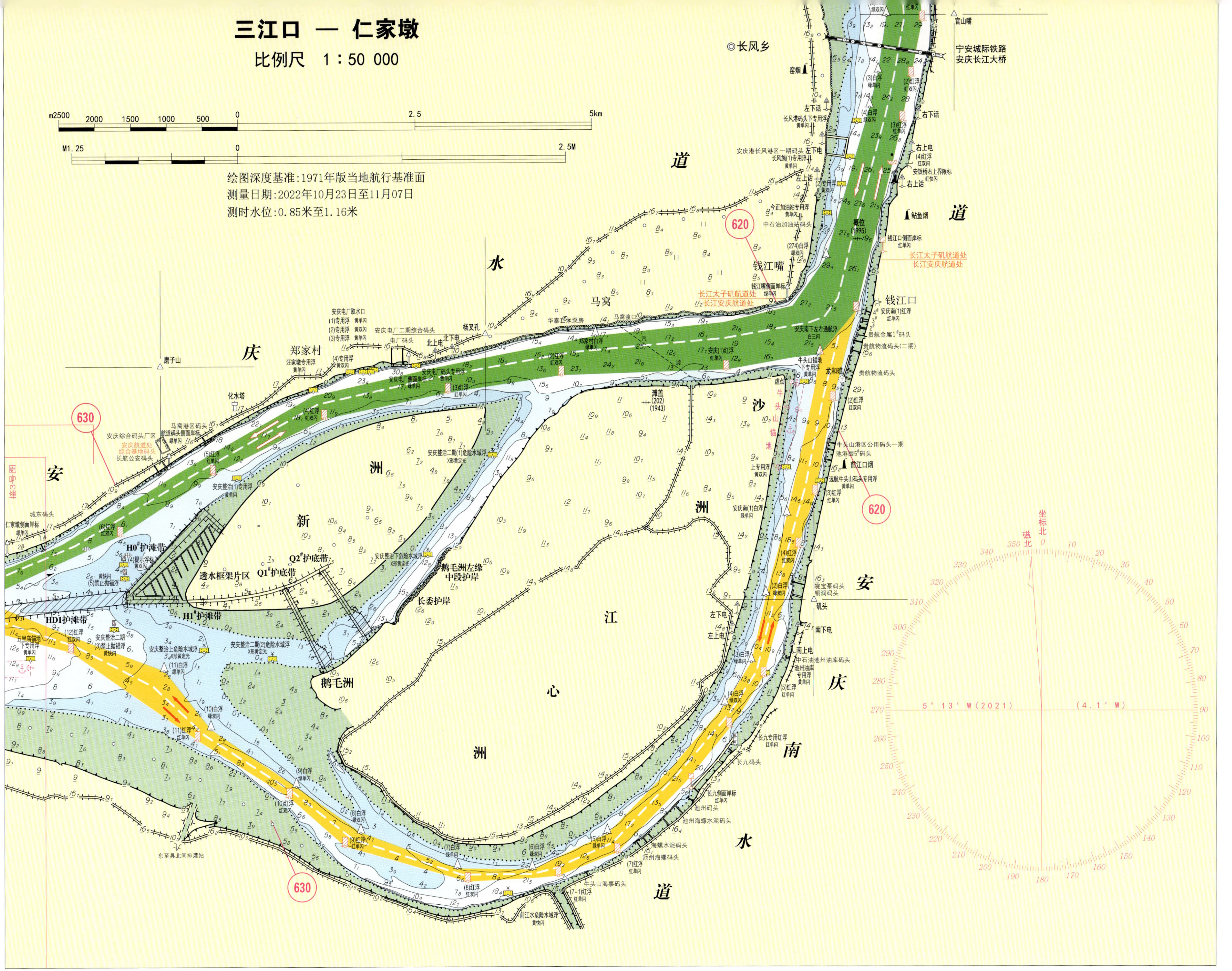

引用自2021年版《长江下游航行参考图(吴淞口至武汉)》,审图号:JS(2021)02-055。

长江干线安徽段航行参考图(泥洲—三江口)

水道概况

贵池水道上起新开沟,下迄五更矶,全长22千米。三江口以下航道宽阔,江流顺直,从七里矶至谭家沟一带有礁板。新开沟以下江面逐渐展宽。在贵池水道江面有崇文洲、余水洲和碗船洲,将水道分为北、中、南港,中港位于崇文洲与余水洲之间,现为主航道。水道内建有池州长江公路大桥。

航行规定

船舶按《长江安徽段船舶定线制规定(2019)》航行。

注意事项

马船沟、泥洲有船舶进出锚地,扫帚沟沿岸码头附近水域船舶进出频繁,白荡闸、桂家坝及贵池南港上、下口常有客渡、汽渡船舶进出,应予注意。

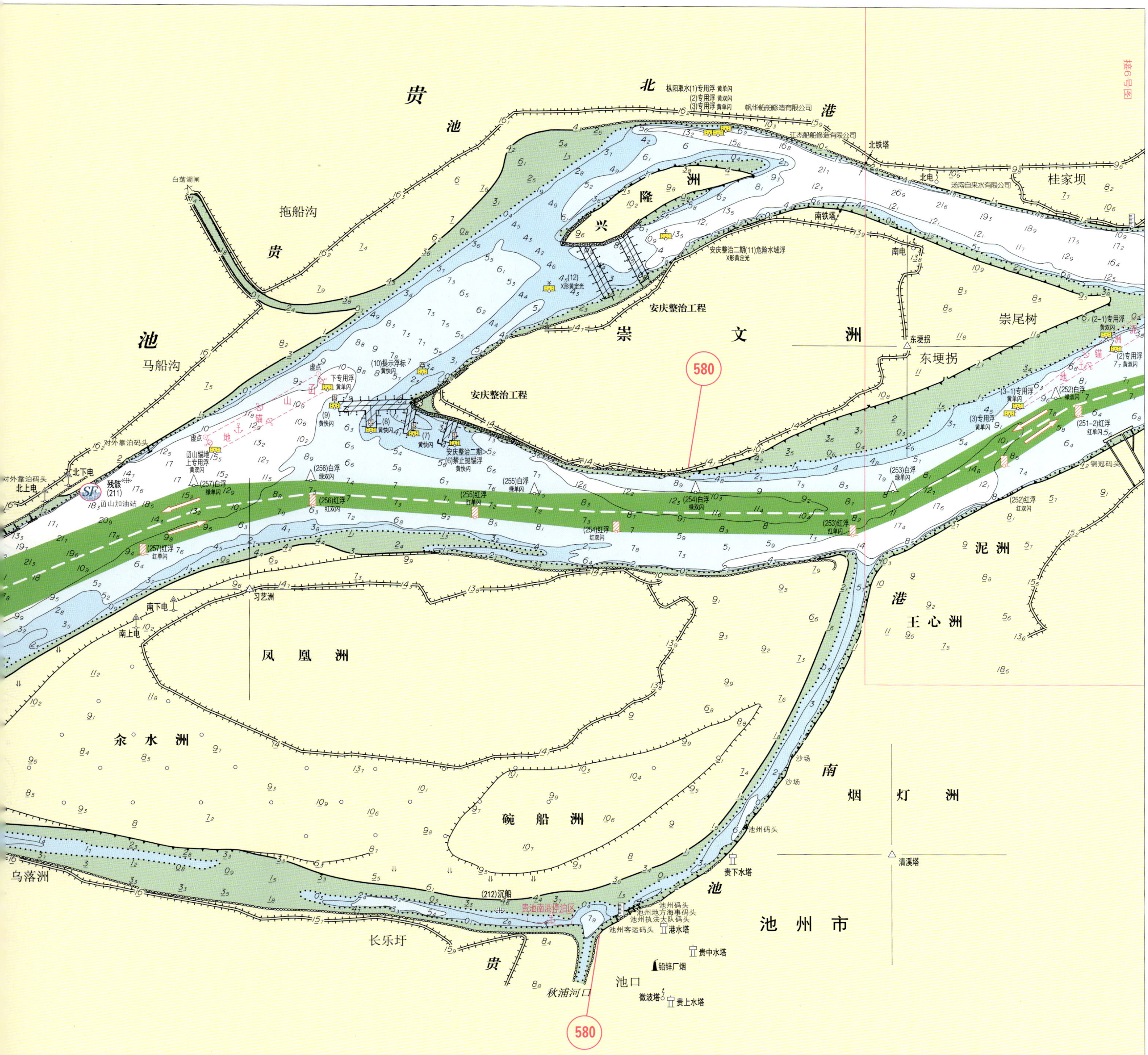
接6号图
贵池
北港
枞阳取水(1)专用浮 黄单闪
(2)专用浮 黄双闪
(3)专用浮 黄单闪
帆华船舶修造有限公司
江杰船舶修造有限公司
北铁塔
兴隆洲
北电
汤沟自来水有限公司
桂家坝
南铁塔
南电
安庆整治二期(11)危险水域浮 X形黄定光
(12) X形黄定光
安庆整治工程
白荡湖闸
拖船沟
贵
池
马船沟
崇文洲
东埂拐
崇尾树
(2-1)专用浮 黄双闪
(2)专用浮 黄单闪
580
(10)提示浮标 黄快闪
下专用浮 黄单闪
虚点
(9) 黄快闪
(8) 黄快闪
(7) 黄快闪
安庆整治二期 (6)禁止抛锚浮 黄快闪
(3-1)专用浮 黄单闪
(3)专用浮 黄单闪
(252)白浮 绿单闪
(251-2)红浮 红单闪
铜冠码头
对外靠泊码头
北下电
北上电
残骸 (211)
迈山加油站
迈山锚地 上专用浮 黄快闪
(256)白浮 绿单闪
(257)白浮 绿单闪
(256)红浮 红双闪
(255)红浮 红双闪
(255)白浮 绿单闪
(254)白浮 绿双闪
(254)红浮 红双闪
(253)白浮 绿单闪
(253)红浮 红单闪
(252)红浮 红双闪
(257)红浮 红单闪
泥洲
港
王心洲
南下电
南上电
习艺洲
凤凰洲
佘水洲
碗船洲
南烟灯洲
沙场
池州码头
清溪塔
贵下水塔
池
池州市
乌落洲
长乐圩
(212)沉船
贵池南港锚泊区
池州码头
池州地方海事码头
池州执法大队码头
池州客运码头
港水塔
贵中水塔
铅锌厂烟
池口
微波塔
贵上水塔
秋浦河口
贵
580

泥洲 — 三江口

比例尺　1：50 000

m2500　2000　1500　1000　500　0　2.5　5km

M1.25　0　2.5M

绘图深度基准：1971年版当地航行基准面

测量日期：2022年10月10日至10月15日

测时水位：0.91米至1.09米

引用自2021年版《长江下游航行参考图(吴淞口至武汉)》，审图号：JS(2021)02-055。

长江干线安徽段航行参考图(何家场—泥洲)

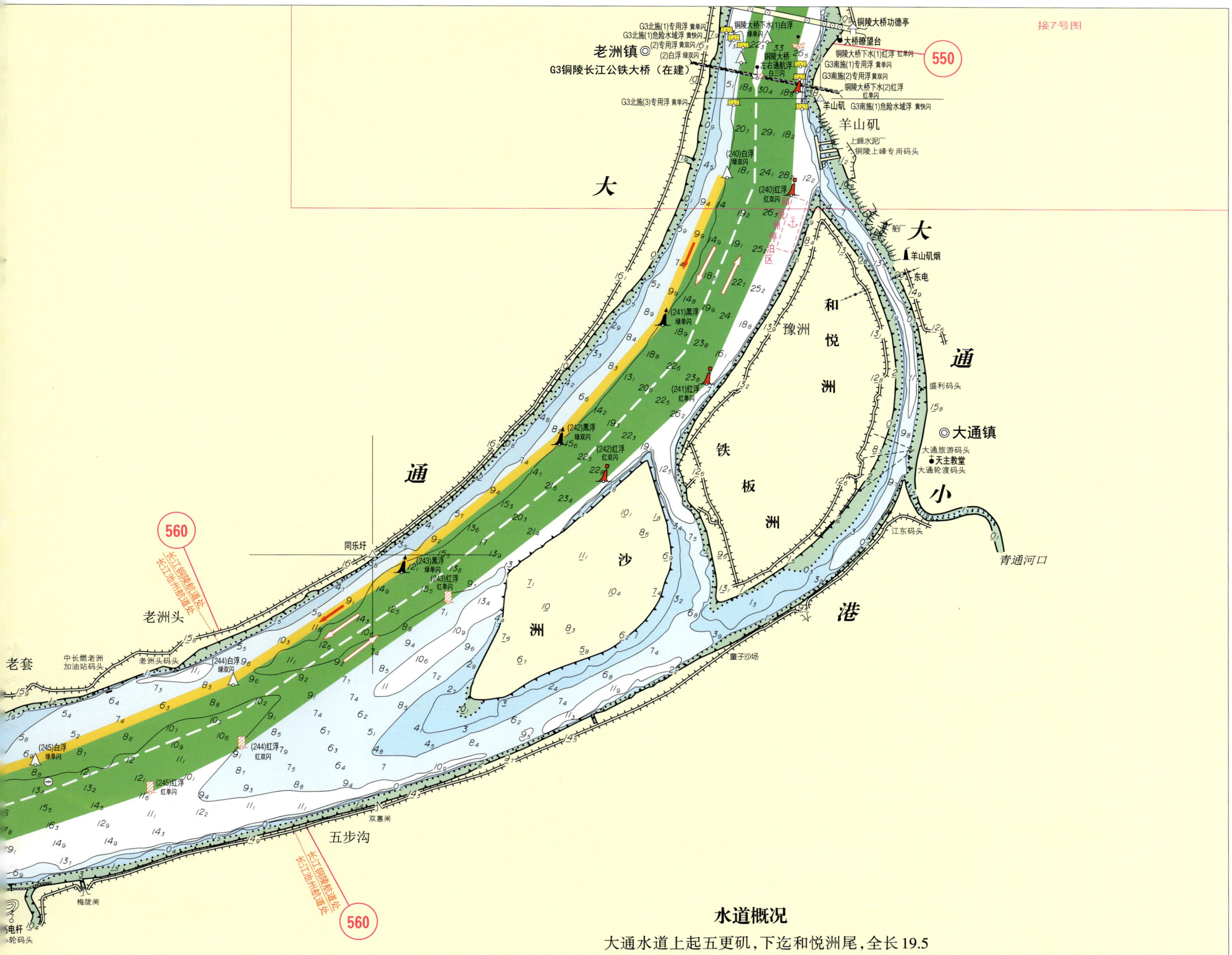
接7号图
老洲镇
G3铜陵长江公铁大桥（在建）
铜陵大桥功德亭
大桥瞭望台
550
羊山矶
上峰水泥厂
铜陵上峰专用码头
大
大
羊山矶烟
东电
和
悦
洲
豫洲
通
盛利码头
大通镇
大通旅游码头
天主教堂
大通轮渡码头
铁
板
洲
小
江东码头
青通河口
港
通
560
同乐圩
沙
洲
老洲头
老套
中长燃老洲加油站码头
老洲头码头
童子沙场
五步沟
双惠闸
梅陇闸
560
长江铜陵航道处
长江池州航道处

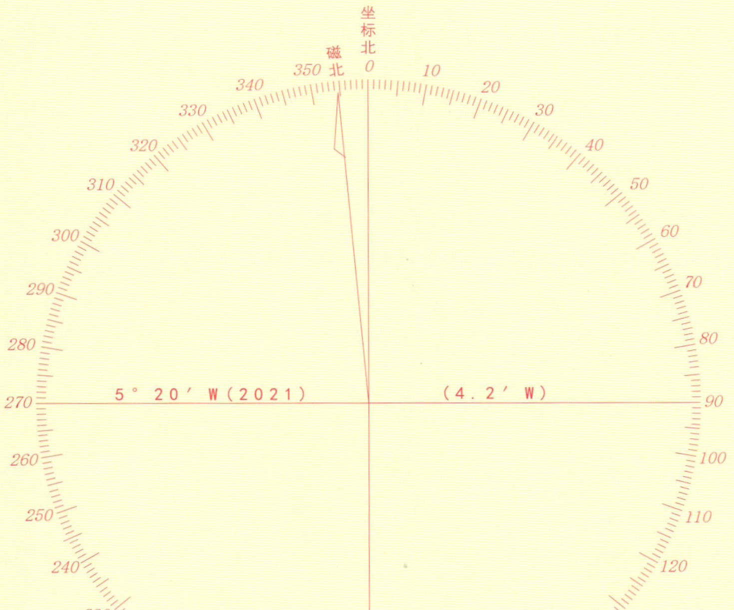
坐标北
磁北
5° 20′ W(2021)
(4.2′ W)

水道概况

大通水道上起五更矶，下迄和悦洲尾，全长19.5千米。崇文洲尾同新圩以下为顺直河段，水深良好，左岸同庆圩至老套有边滩。老洲头对开江中有铁板洲及和悦洲，水道至此开始分汊，左汊为主航道，右汊为大通小港，水道弯曲、窄浅，弯顶右岸有大通镇，港内青通河口可通往安徽青阳。两汊水流至羊山矶处汇合，羊山矶处有石脚外伸，洪水期有回流羊山矶以下又为顺直河段。在羊山矶下游建有铜陵长江公路大桥，于1995年12月建成通车，为单孔单向通航，3孔为上行船通航桥孔，4孔为下行穿通航桥孔。

铜陵大桥水道上起和悦洲尾，下迄横港码头，全长5.5千米。

航行规定

船舶按《长江安徽段船舶定线制规定(2019)》航行。

注意事项

铜陵长江公路大桥左边跨（三孔）为上行船通航桥孔，主跨（四孔）为下行船通航桥孔。大通小港有船进出，应予注意。

引自2021年版《长江下游航行参考图(吴淞口至武汉)》，审图号：JS(2021)02-055。

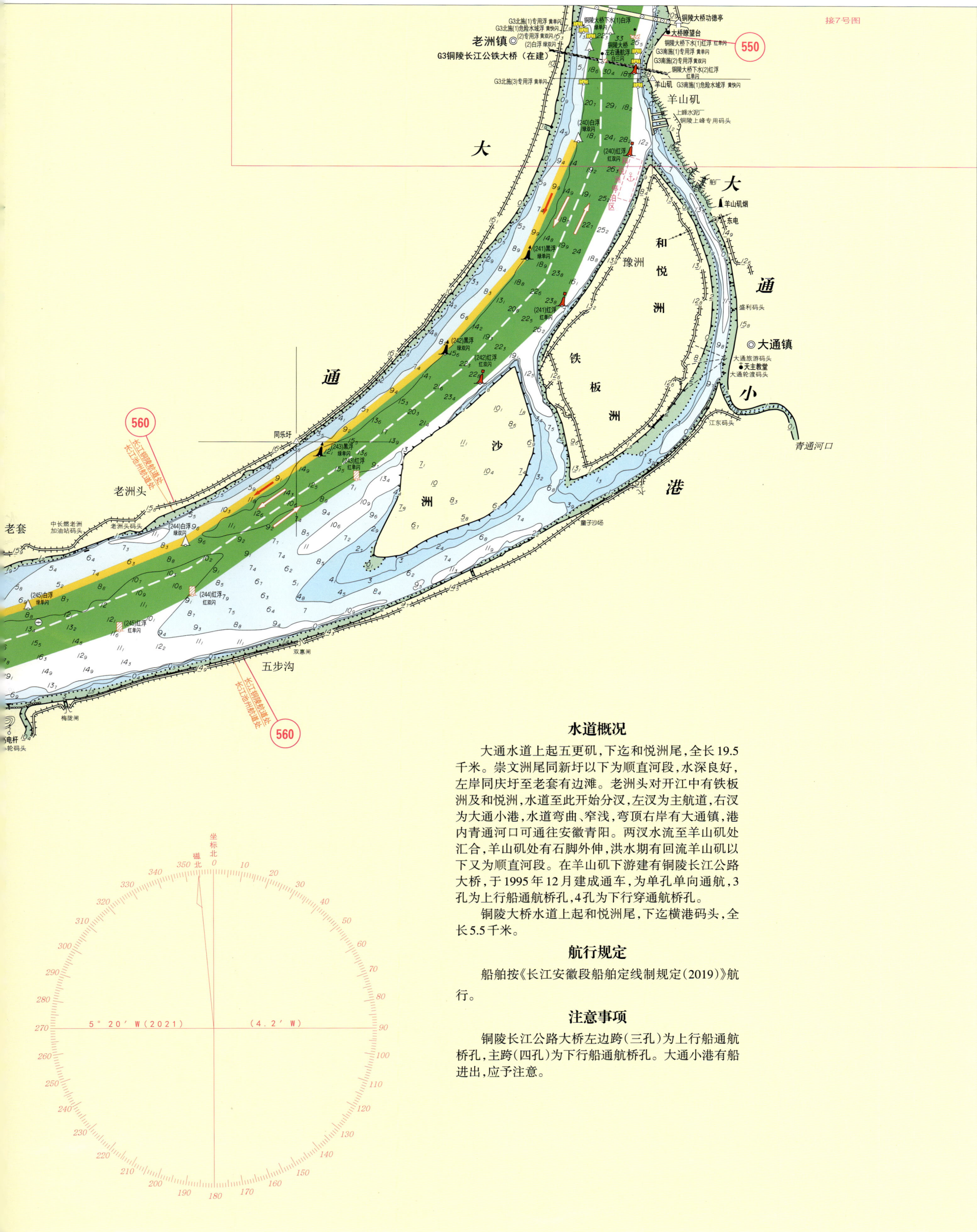

长江干线安徽段航行参考图(章家洲—何家场)

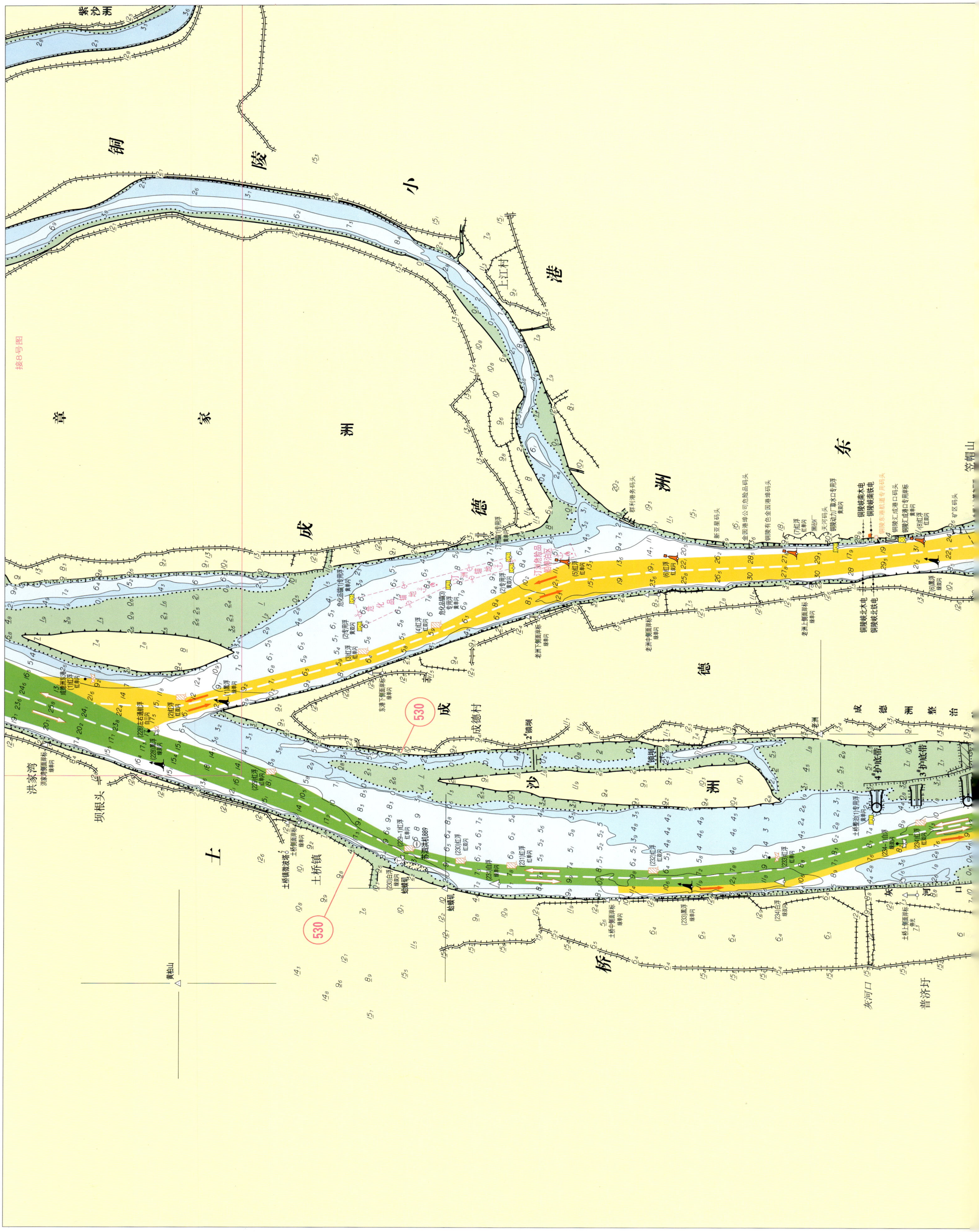

水道概况

土桥水道上起横港，下迄灯笼地，全长24千米。江中成德洲、章家洲、无名沙洲将河道分为左、右两汊，左汊称土桥水道，现为主航道；成德洲右汊称为成德洲东港水道，上起铜陵#6码头，下迄坝根头，全长21.5千米，已开辟为副航道，并全年开通铜陵东港进港海轮推荐航线；章家洲右汊为铜陵小港，现已淤塞。土桥水道左侧普济圩附近有红杨树边滩，以下过渡为陡岸；右侧成德洲有大片沙滩。左岸土桥镇附近有蛤蟆矶暗礁，设有白浮；洪家湾以下抛有护岸石块。

2009~2012年对土桥水道实施了航道整治一期工程，主要内容包括在成德洲左侧上段建设护岸、成德洲左侧边滩建设护滩带2条、护坎，在护坎前建设护底带5条，在沙洲和成德洲之间的夹槽建设锁坝2道，在左岸灰河口建设护岸。在羊山矶下游建有铜陵长江公路大桥，于1995年12月建成通车，为单孔单向通航，3孔为上行船通航桥孔，4孔为下行穿通航桥孔。

航行规定

船舶按《长江安徽段船舶定线制规定（2019）》航行。

注意事项

成德洲左侧布置有护坎、护底带、护滩带；成德洲与沙洲之间夹槽布置有锁坝；左岸灰河口布置有护岸，请行船注意，切勿穿越。#238红浮右侧设有方港河锚地，章家洲头左侧设有汀洲危化品锚地。#237左右通航浮附近水域为铜陵东港与主航道交汇处；铜港#5红浮附近水域为铜陵东港与铜陵小港交汇处，应予注意。

章家洲 — 何家场

比例尺　1：50 000

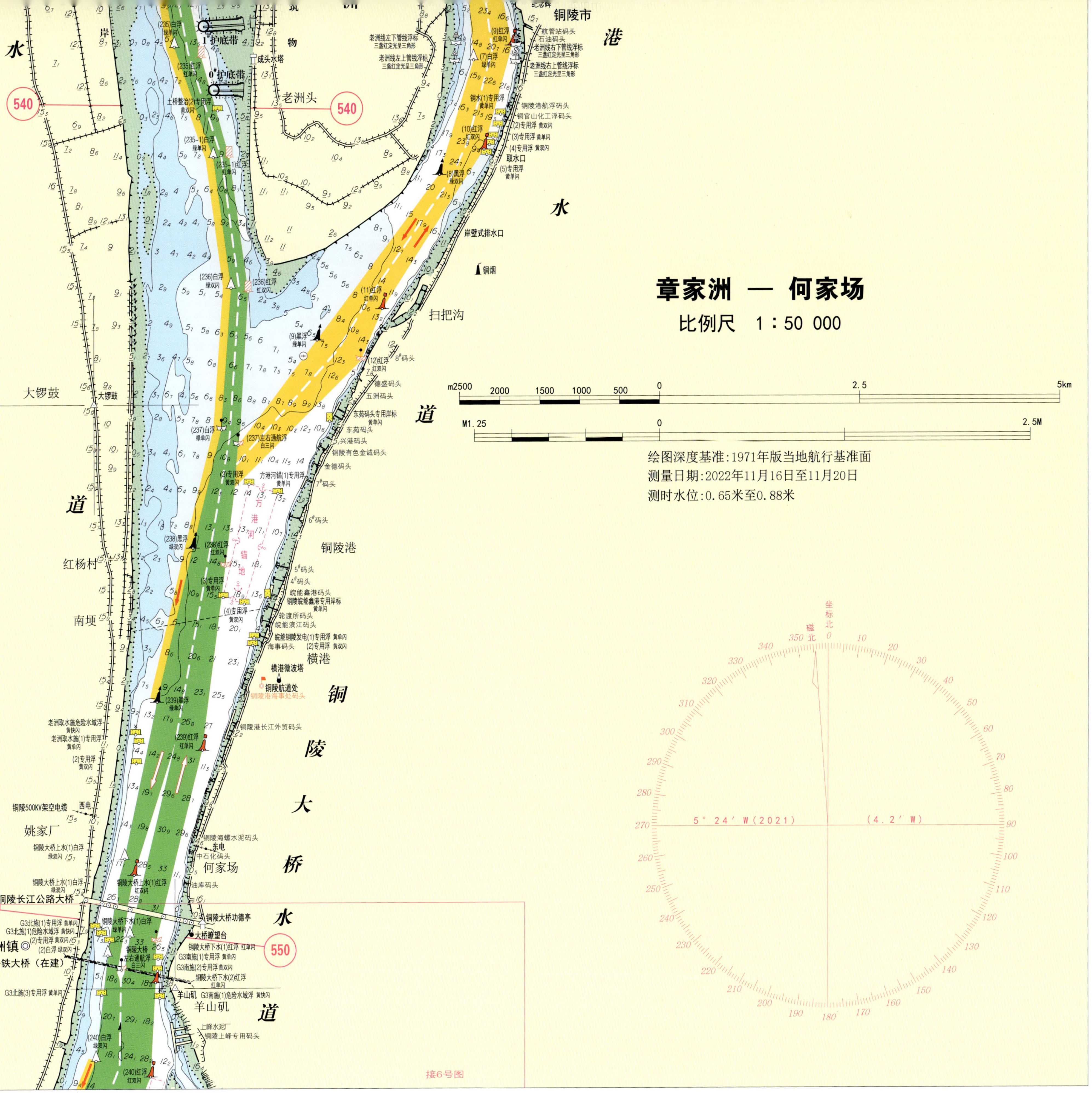

绘图深度基准：1971年版当地航行基准面

测量日期：2022年11月16日至11月20日

测时水位：0.65米至0.88米

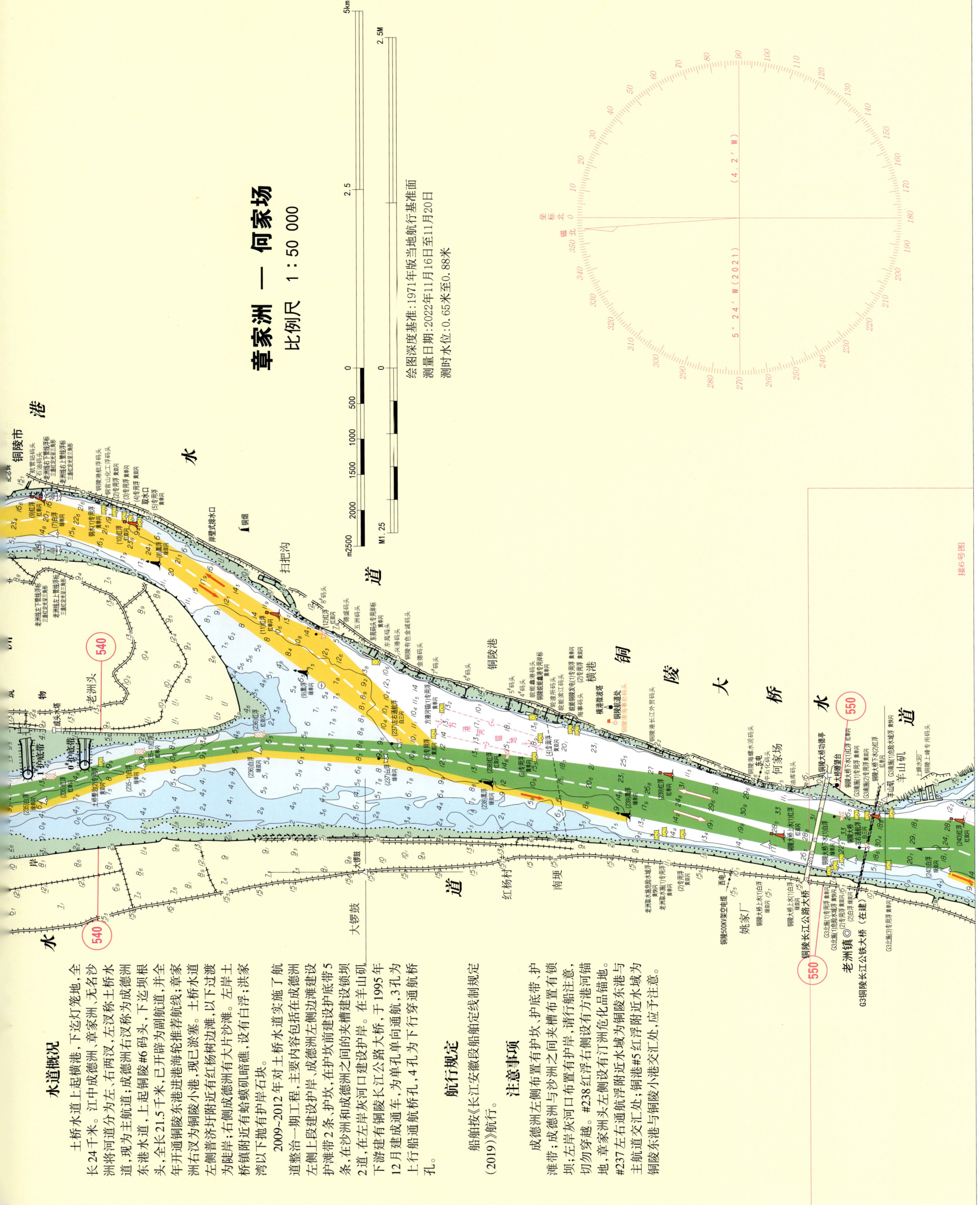

引用自2021年版《长江下游航行参考图（吴淞口至武汉）》，审图号：JS(2021)02-055。

长江干线安徽段航行参考图(河南咀—章家洲)

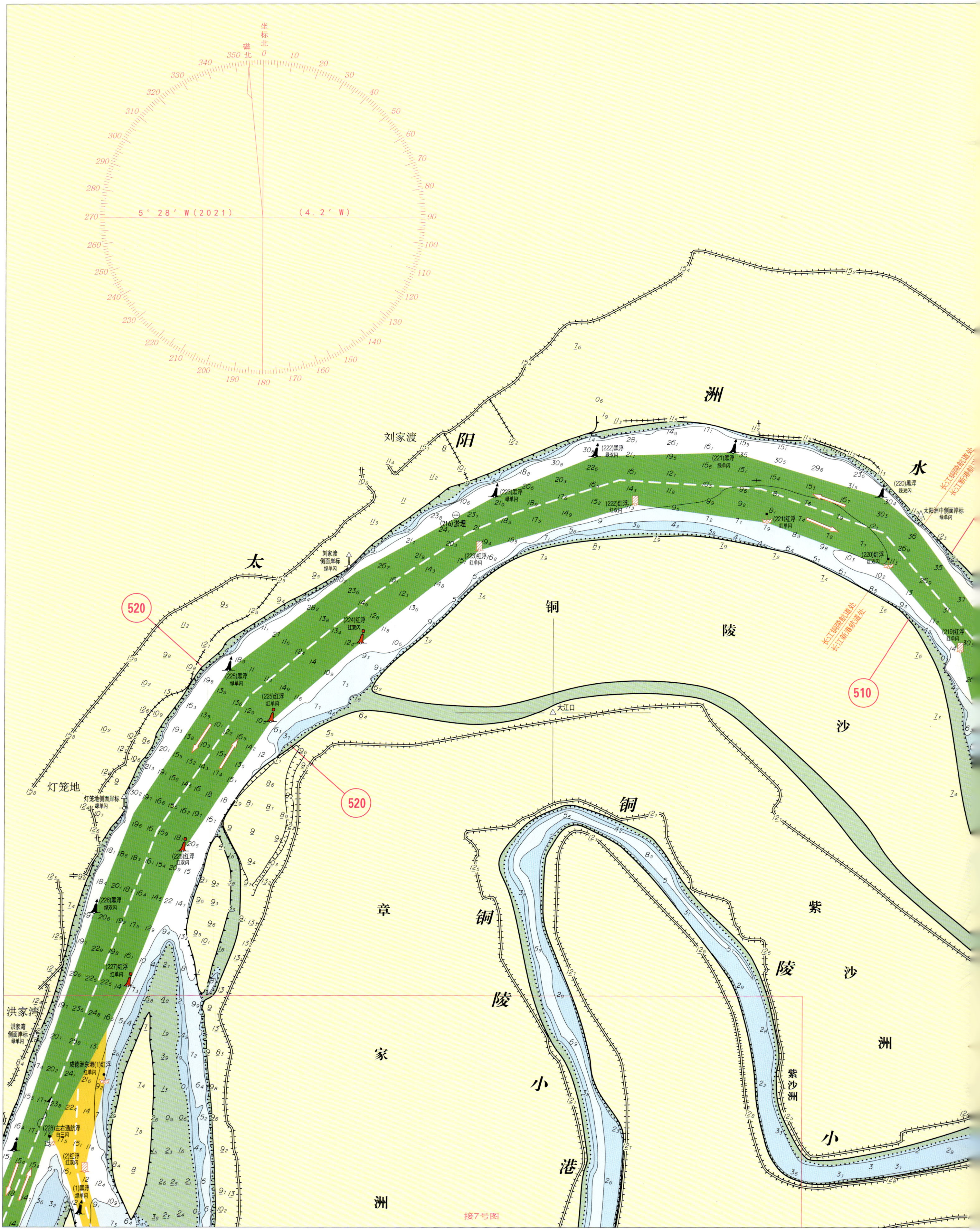

河南咀 — 章家洲

比例尺　1：50 000

绘图深度基准：1971年版当地航行基准面

测量日期：2022年09月17日至09月22日

测时水位：1.47米至1.62米

水道概况

荻港水道上起太阳洲尾，下迄板子矶，全长18千米。荻港水道左岸隆兴洲边滩呈弧形伸向江心，右岸金牛渡至红桃村岸边多护岸石，凤凰矶及板子矶矶头突出，洪水期有花水。皇公庙下游建有铜陵长江公铁大桥，于2015年12月建成通车，为单孔双向通航。

太阳洲水道上起灯笼地，下迄太阳洲尾，全长16.3千米。该段河道弯曲度较大，呈S形，沿程深泓傍凹岸，凹岸侧有扫弯水。太阳洲水道左岸刘家渡以上为陡岸，右岸有铜陵弧形沙滩上接章家洲，并下延至太阳洲下口。

航行规定

船舶按《长江安徽段船舶定线制规定(2019)》航行。

注意事项

应注意扫弯水流的推压。铜陵小港下口处常有小船进出，太阳洲尾以下、板子矶处应注意会船。凤凰矶、板子矶处行轮不宜靠右岸太拢。黄浒河口附近有无繁汽渡。

引用自2021年版《长江下游航行参考图(吴淞口至武汉)》，审图号：JS(2021)02-055。

长江干线安徽段航行参考图(白茆湾—河南咀)

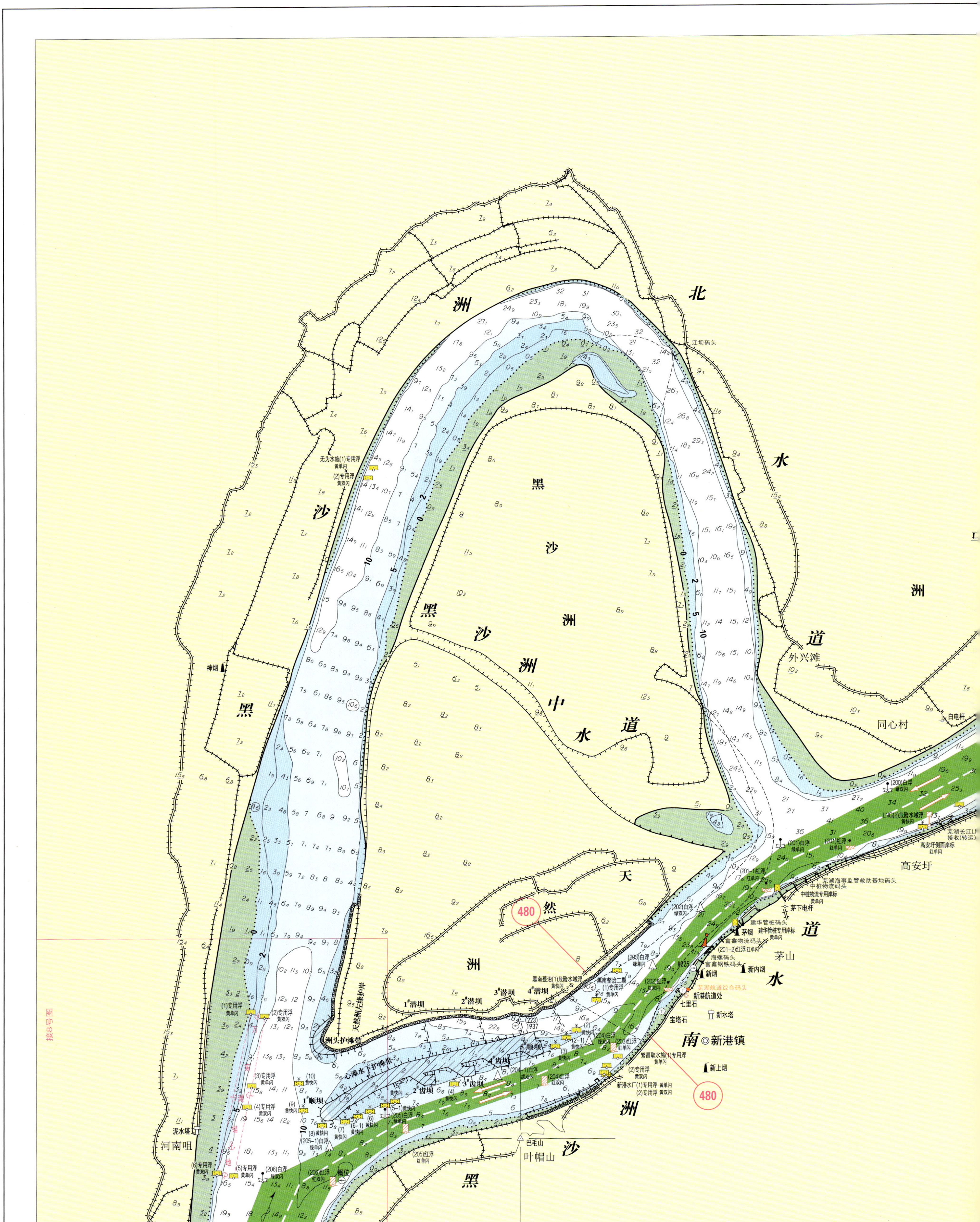

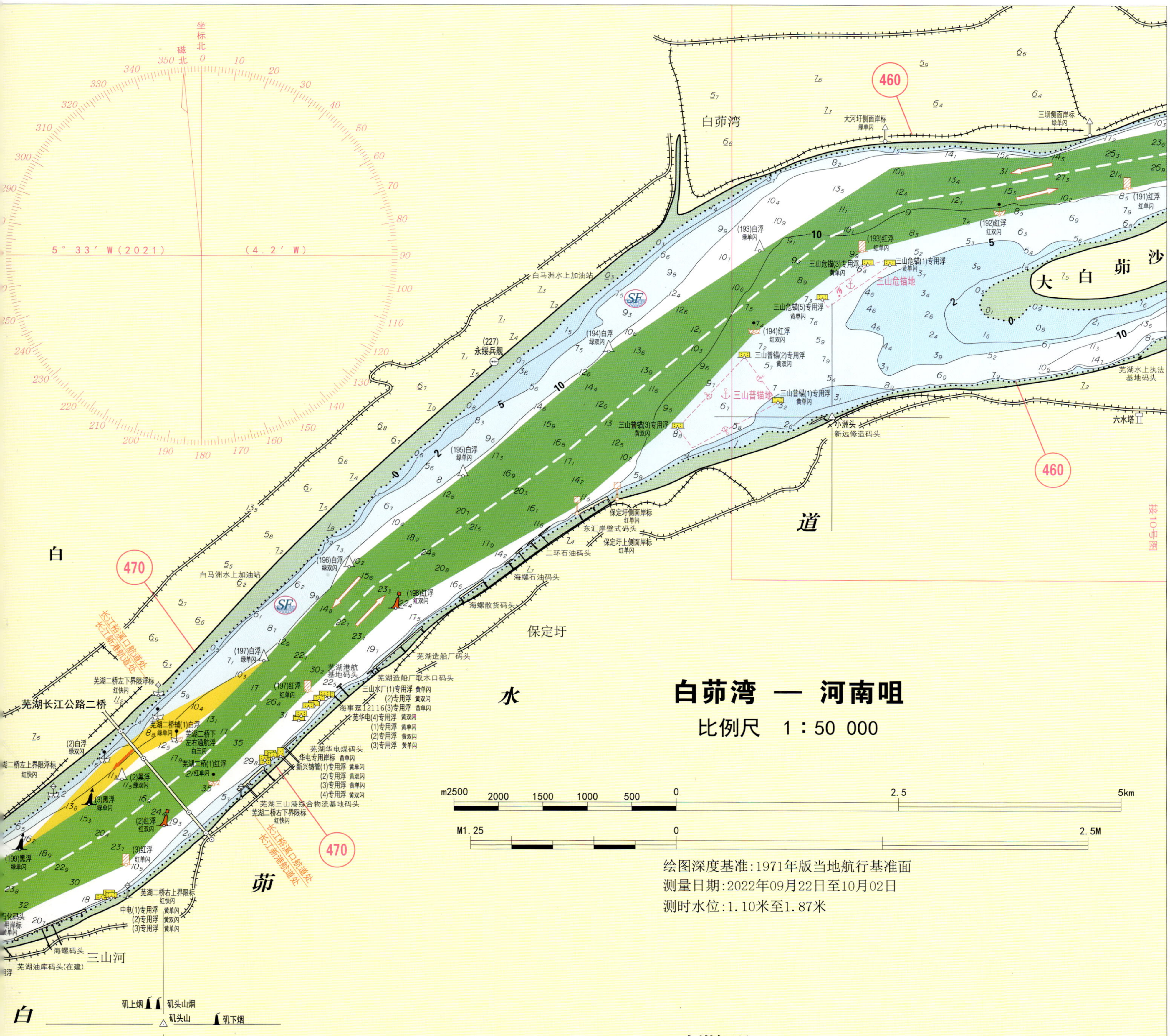
白茆湾 — 河南咀
比例尺 1：50 000
绘图深度基准：1971年版当地航行基准面
测量日期：2022年09月22日至10月02日
测时水位：1.10米至1.87米
白茆湾
大白茆沙
保定圩
芜湖长江公路二桥
三山河
三山普锚地
三山危锚地
小洲头
六水塔
长江桥梁口航道处
接10号图

水道概况

白茆水道上起高安圩，下迄山西嘴，全长26千米。白茆水道茅山至三山河一带抛有大量护岸石块。保定圩以下右岸有大白茆沙；小洲头附近有一狭长浅滩将水道分为南、北两槽，南槽现已萎缩，北槽现为主航道。自保定圩至山西嘴段，深泓逐渐靠近左岸。三山河下游1.5千米处的芜湖长江公路二桥于2017年12月建成通车，为单孔双向通航，并专设小型船舶上水航路。

黑沙洲水道上起板子矶，下迄高安圩，全长13.7千米。黑沙洲水道为鹅头型分汊河道，江中的黑沙洲、天然洲将河道分成北、中、南三个水道，北水道历史上曾是主航道，现发展为鹅颈形弯道，未开放通航；中水道已逐渐淤塞衰亡；南水道顺直微弯，现为主航道，南水道中部有水下心滩将航槽分为北、南两槽；北槽水深流急，已实施航道整治；南槽为现主航槽，上口至新港一带右侧有边滩。三汊水流在高安圩附近汇合后进入白茆水道。

2007~2011年实施黑沙洲水道航道整治工程，建设内容主要包括天然洲洲头护滩带、心滩护滩带和洲身构筑的4条潜坝。2016年开始建设黑沙洲水道航道整治二期工程，建设内容主要包括在南水道心滩上建设1条顺坝和4条齿坝，对北槽内3号、4号潜坝坝身及上下游护底进行加固，建设天然洲左缘护岸工程，加固天然洲右缘护岸、右岸新港一带护岸，工程于2018年11月通过交工验收，进入试运行期。

航行规定

船舶按《长江安徽段船舶定线制规定(2019)》航行。

注意事项

天然洲头及心滩处建有整治建筑物，设有专用标志标明位置，请行船注意，切勿穿越。黑沙洲北水道上口处有万家滩锚地。天然洲头附近应注意会船。小洲头对开江中设置有三山港锚地。

引用自2021年版《长江下游航行参考图(吴淞口至武汉)》，审图号：JS(2021)02-055。

长江干线安徽段航行参考图(陈家洲—白茆湾)

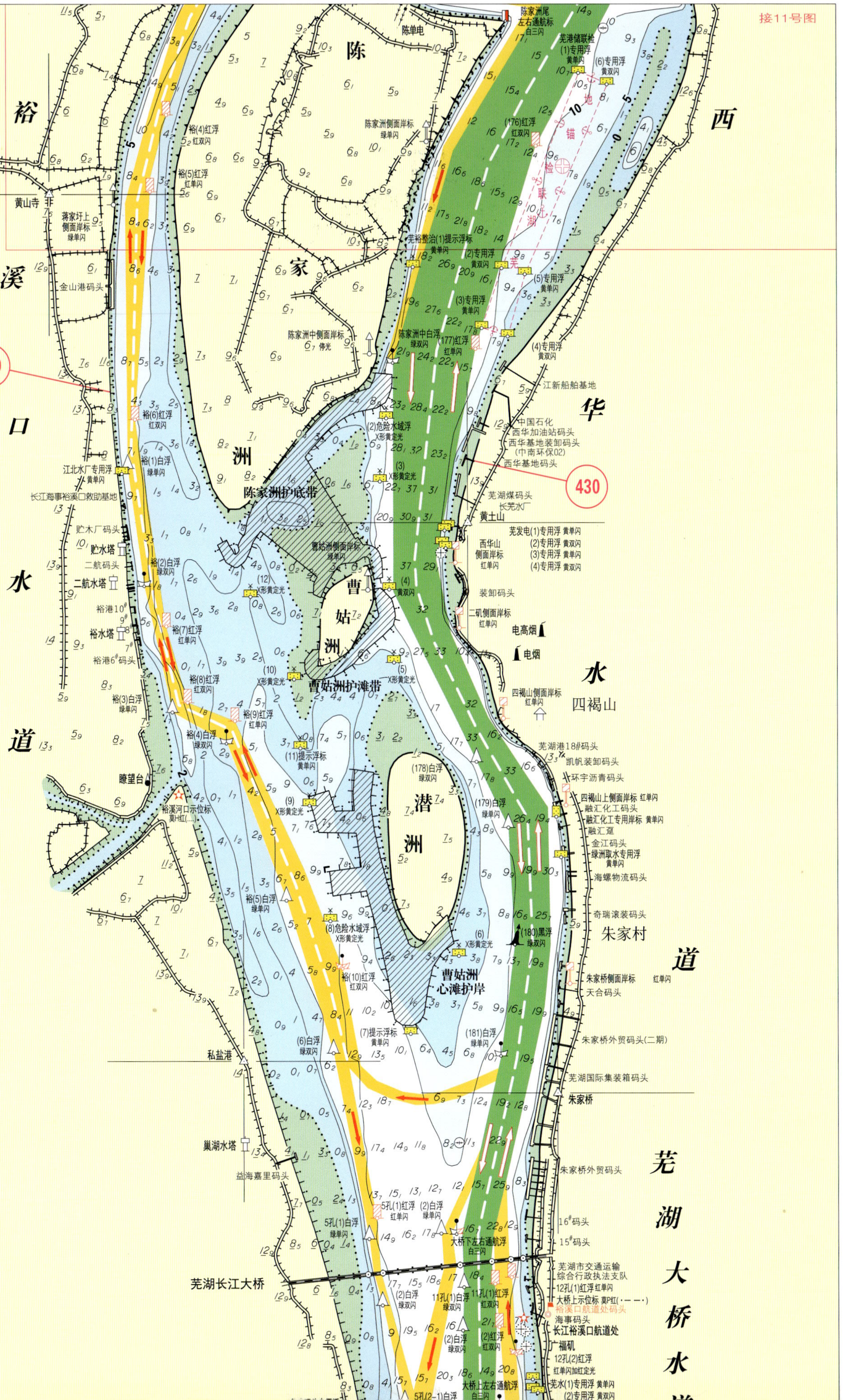

水道概况

西华水道上起朱家桥，下迄东梁山，全长11千米；裕溪口水道上起芜湖长江大桥桥区下界线，下迄裕溪口下口处，全长16千米。江中潜洲、曹姑洲及陈家洲将河道分为左、右两汊。右汊为西华水道，现为主航道；曹姑洲对岸四褐山岸形突出，近岸多礁石，航道相对较窄；黄土山下有黄泥滩，形状狭长，下延接近东梁山。左汊为裕溪口水道，已开辟为副航道；裕溪河在水道中段左岸汇入，河口将该水道自然分为上下两段，上段相对顺直，运漕河口上下水流较为分散，河床淤浅；下段弯曲，弯顶在张家湾附近，航道弯曲度近90度。

芜湖大桥水道上起南外架，下迄朱家桥，全长4千米。

芜湖水道上起山西嘴，下迄南外架，全长9千米。山西嘴为长江由东转北的急弯顶端，转角近90度，左岸有蛟矶暗礁群，右岸双港下方中江塔处为青弋江河口，可通往安徽泾县，河口下口有关门滩，上口有大块礁板硬泥沙滩。弋矶山矶头临江，广福矶礁石伸入江中，上方建有芜湖长江三桥，下方建有芜湖长江大桥。芜湖港位于芜湖大桥水道右岸。

航行规定

船舶按《长江安徽段船舶定线制规定(2019)》航行。进出裕溪口水道的船舶应按《长江裕溪口水道有关通航安全管理通告》航行。

注意事项

黄泥滩左侧设有芜湖联检锚地。曹姑洲上方有曹姑洲横槽，设置有浮标标示边界，边界随水位而变化，供小型船舶驶入裕溪口水道。

芜湖长江大桥11孔为客船、危险品船舶、集装箱船、海船、船队、深吃水船舶双向通航桥孔；10孔为其他船舶上行通航桥孔；12孔为其他船舶下行通航桥孔；5孔为沿裕溪口水道上行通航桥孔。山西嘴至蛟矶、弋矶山、朱家桥以下应注意会船。芜湖港区夜间灯光耀眼，船舶靠离港频繁；弋矶山附近有芜湖至无为汽渡；山西嘴转折处水流湍急，有大片回流水花，应予注意。

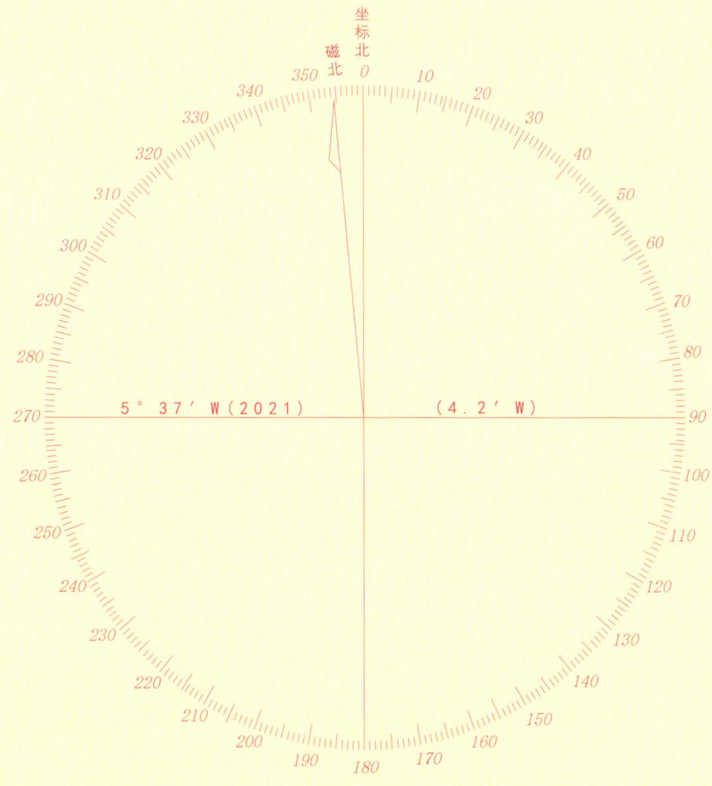

引用自2021年版《长江下游航行参考图(吴淞口至武汉)》,审图号:JS(2021)02-055。

何家洲 — 陈家洲

比例尺 1：50 000

m2500 2000 1500 1000 500 0 2.5 5km

M1.25 0 2.5M

绘图深度基准：1971年版当地航行基准面
测量日期：2022年11月21日至11月25日
测时水位：1.30米至1.45米

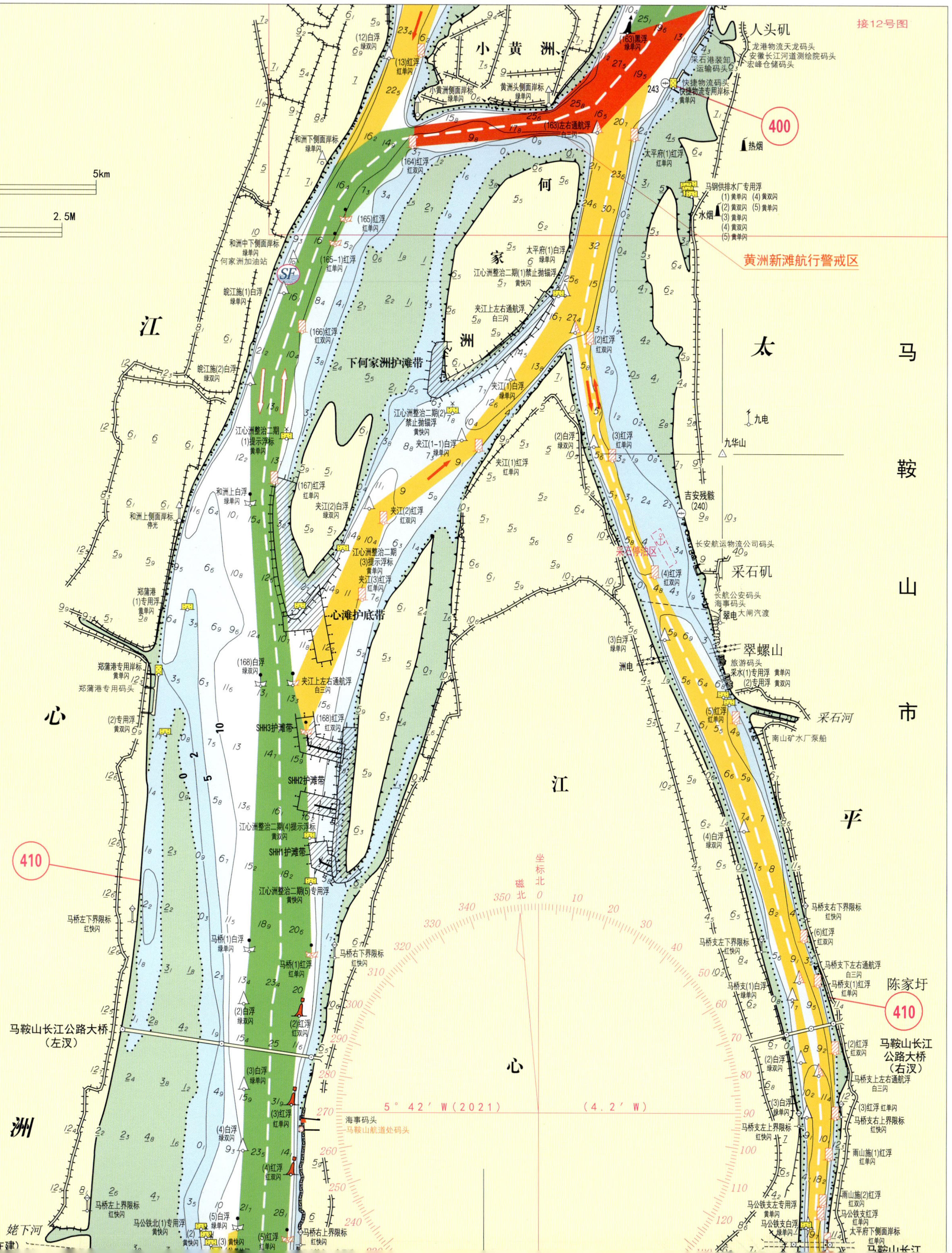

水道概况

东梁山以下，江中彭兴洲、太兴洲、江心洲及何家洲将河道分为左、右两汊。左汊为江心洲水道，上起东梁山，下迄人头矶，全长26千米，现为主航道。江心洲水道深泓在上段靠近右岸，至江心洲中部转向左岸，左侧有牛屯河边滩，近年来处于淤涨下延态势。江心洲洲尾与心滩间有汊江，内有沉船。水流至小黄洲再分汊，黄洲新滩水域航道呈反S形，航道弯曲狭窄。两汊水流在何家洲尾汇合沿小黄洲右汊下泄。何家洲尾部边滩近年持续淤涨，严重约束该段航行条件，故辟有何家洲临时通道，该水道中部建有马鞍山长江公路大桥。

右汊为太平府水道，上起彭兴洲头，下迄何家洲尾，全长24千米，已开辟为副航道。水道呈弯曲形，沿程有姑溪河、采石河汇入，经姑溪河口可通往当涂。姑溪河口以上水深条件较差，彭兴洲头对开有进口浅滩；中段右岸翠螺山岸边有采石矶；下段较为顺直，下口处右岸有大面积边滩伸出。陈家圩附近建有马鞍山长江公路大桥右汊。

航行规定

船舶按《长江安徽段船舶定线制规定(2019)》航行。进出太平府水道的船舶应按《长江太平府水道通航安全管理规定》航行。

注意事项

牛屯河边滩及彭兴洲、江心洲附近建有锁坝、护滩带、护岸组成的整治建筑物，请行船注意，切勿穿越。马鞍山公路大桥上游#172黑浮-#173黑浮处设有郑蒲港锚地。小黄洲头有扫弯水，附近花水紊乱、强烈；黄洲新滩设置有航行警戒区；采石镇附近有大闸汽渡，陈家圩附近有陈家圩汽渡，应予注意。太平府水道上、下口处应注意会船。马鞍山长江公路大桥为单孔双向通航。

引用自2021年版《长江下游航行参考图（吴淞口至武汉）》，审图号：JS(2021)02-055。

长江干线安徽段航行参考图(邱汀洲—何家洲)

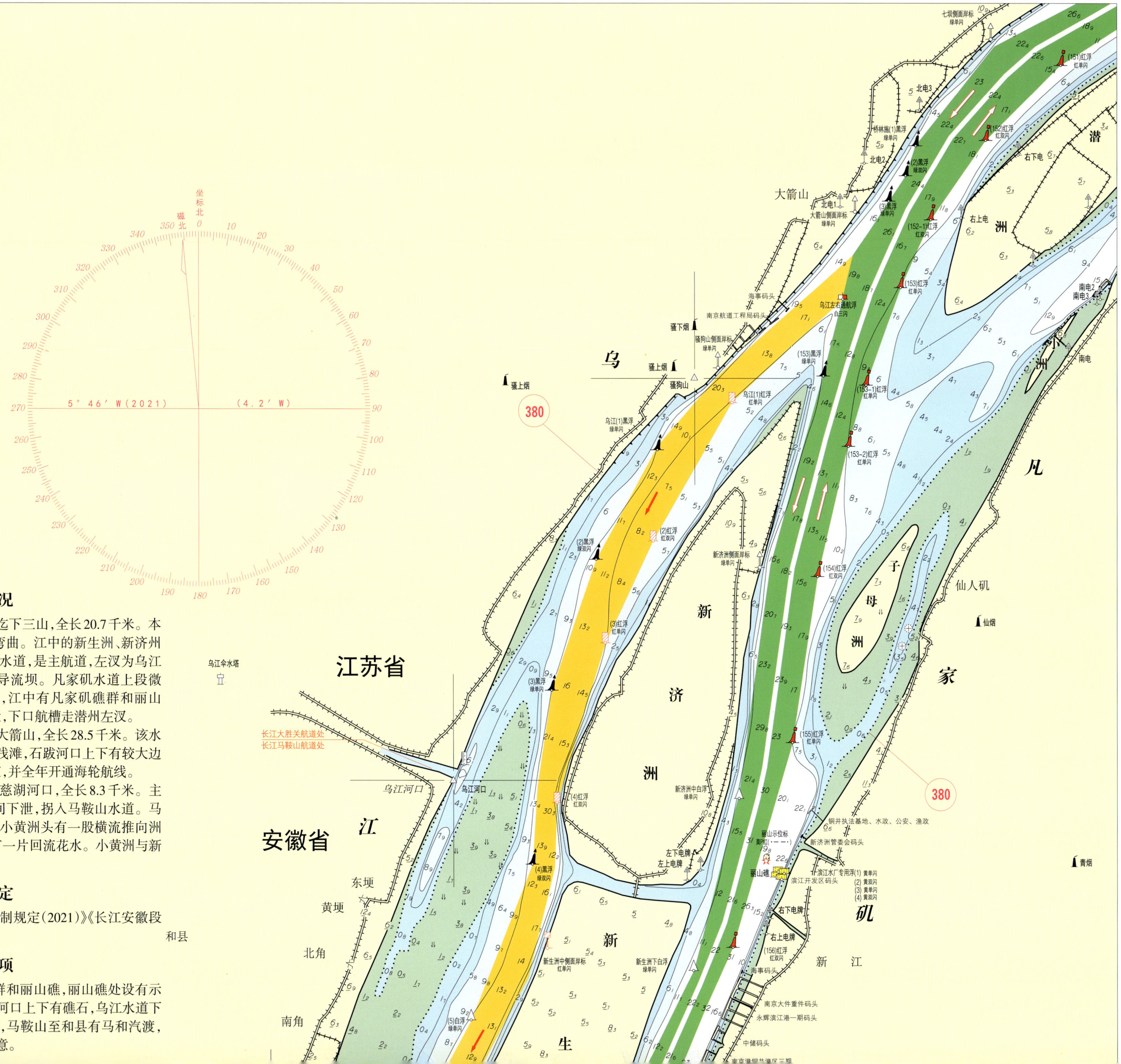

水道概况

凡家矶水道上起慈湖河口，下迄下三山，全长20.7千米。本段江中洲滩众多，分流分汊，航道弯曲。江中的新生洲、新济洲等将河道分为两汊，右汊为凡家矶水道，是主航道，左汊为乌江水道，是副航道，新生洲洲头建有导流坝。凡家矶水道上段微弯，洲头有浅滩上延，右侧多礁石，江中有凡家矶礁群和丽山礁。子母洲边滩下延至下三山附近，下口航槽走潜州左汊。

乌江水道上起小黄洲头，下迄大箭山，全长28.5千米。该水道河槽弯曲，左岸乌江河口对开有浅滩，石跋河口上下有较大边滩。乌江水道为上行船舶单向行道，并全年开通海轮航线。

马鞍山水道上起人头矶，下迄慈湖河口，全长8.3千米。主流经小黄洲头从何家洲与小黄洲间下泄，拐入马鞍山水道。马鞍山水道总体较顺直，呈喇叭形。小黄洲头有一股横流推向洲头，右岸神农洲岸嘴突出，岸嘴下有一片回流花水。小黄洲与新生洲之间有浅埂。

航行规定

船舶按《长江江苏段船舶定线制规定(2021)》《长江安徽段船舶定线制规定(2019)》航行。

注意事项

凡家矶水道江中有凡家矶礁群和丽山礁，丽山礁处设有示位标，请予以注意。乌江水道石跋河口上下有礁石，乌江水道下口段北岸船厂众多，水上作业频繁，马鞍山至和县有马和汽渡，新生洲洲头有整治建筑物，应予注意。

邱汀洲 — 何家洲
比例尺 1:50 000
绘图深度基准:1971年版当地航行基准面
测量日期:2022年09月21日至10月13日
测时水位:0.92米至1.44米
江苏省
安徽省
马鞍山市
390
400
黄洲新滩航行警戒区
接11号图
铜井镇
神农洲
人头矶
何家洲
小黄洲
新生洲

引用自2021年版《长江下游航行参考图(吴淞口至武汉)》,审图号:JS(2021)02-055。

姑溪河入江口航行参考图

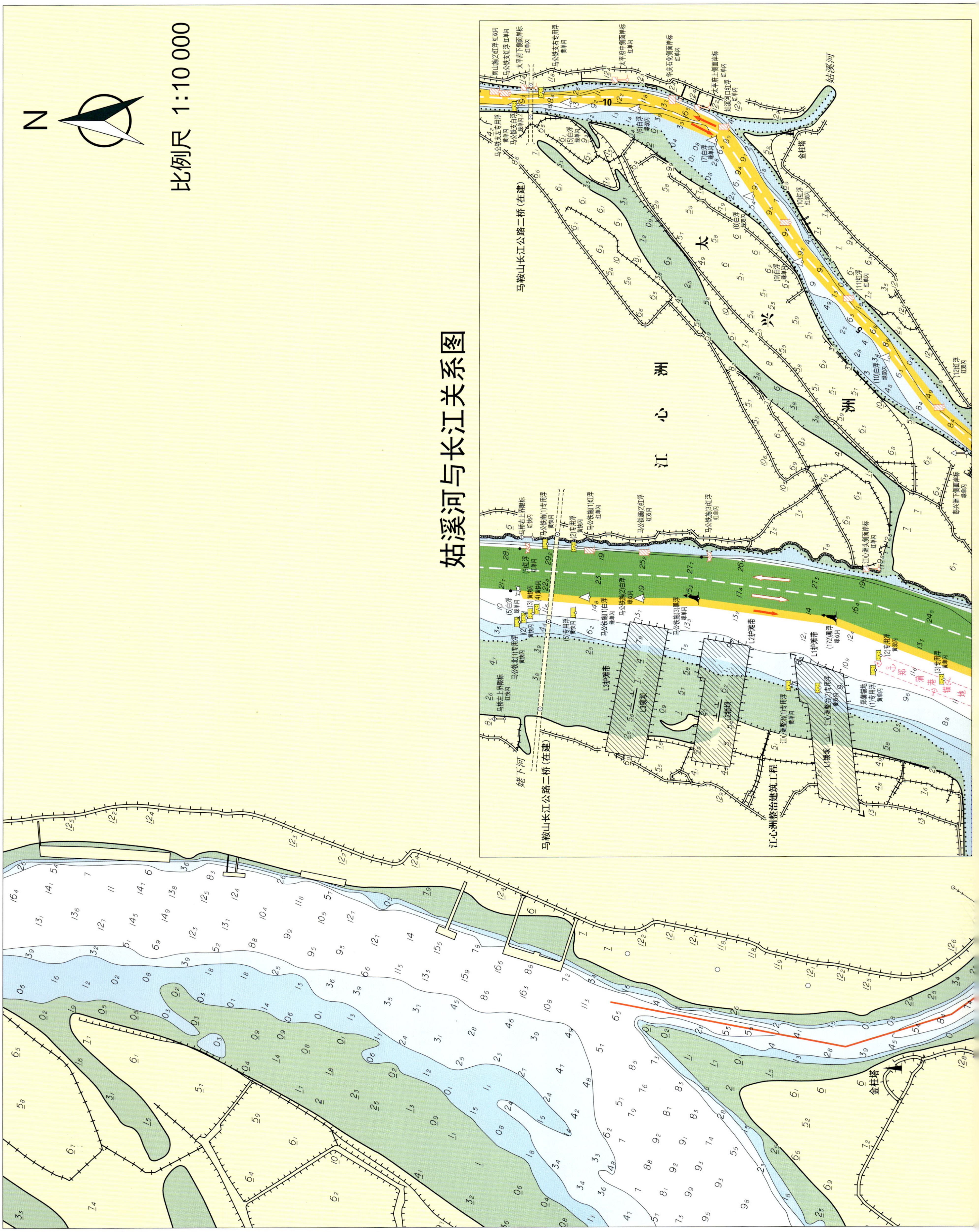

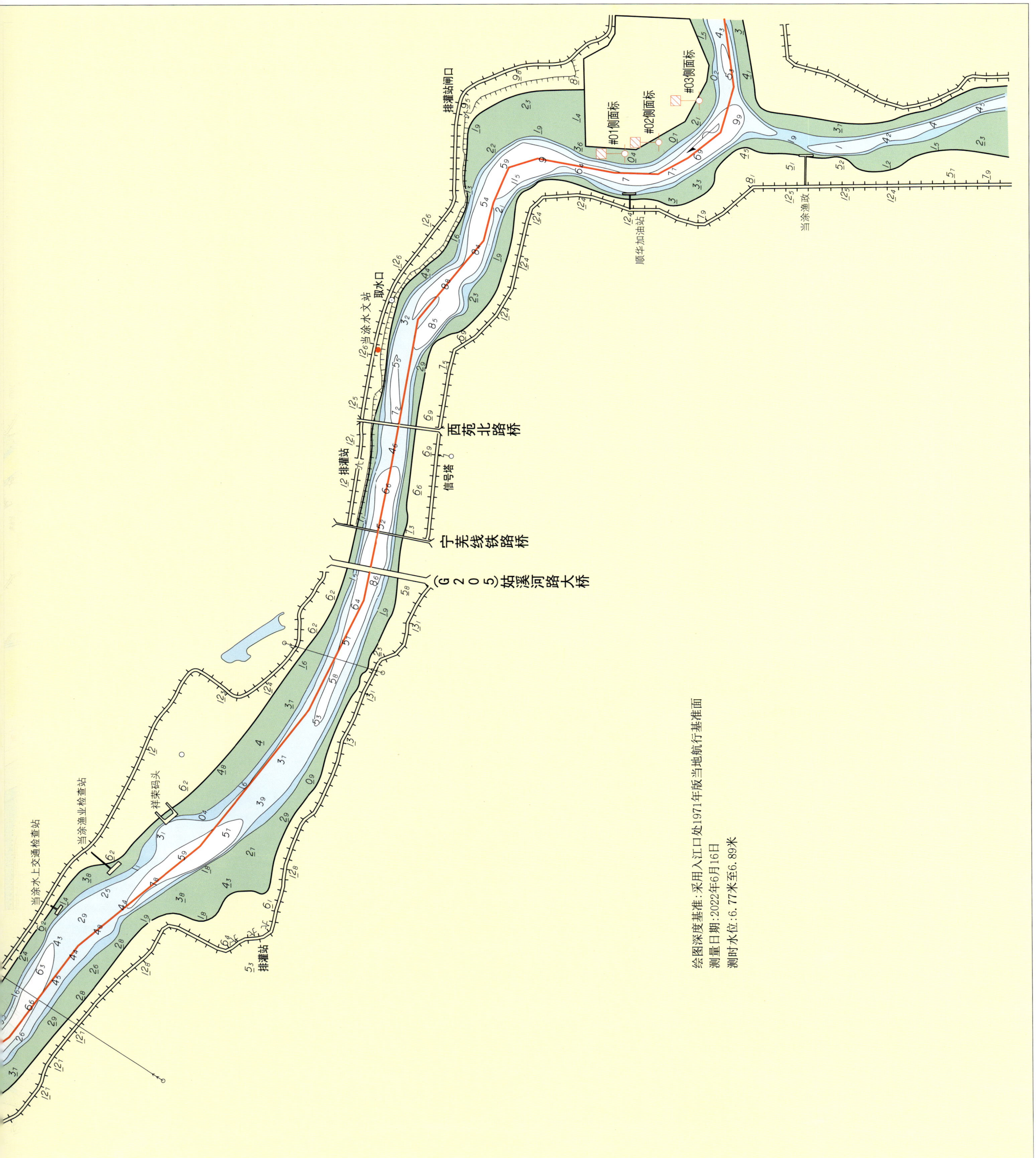
排灌站闸口
#01侧面标
#02侧面标
#03侧面标
顺华加油站
当涂渔政
取水口
当涂水文站
西苑北路桥
排灌站
信号塔
宁芜线铁路桥
(G205)姑溪河路大桥
祥荣码头
当涂渔业检查站
当涂水上交通检查站
排灌站
绘图深度基准:采用入江口处1971年版当地航行基准面
测量日期:2022年6月16日
测时水位:6.77米至6.89米

姑溪河(下段)

长江
姑溪河
太白西路
太白中路
太白东路
当涂县
振兴北路
振兴中路
振兴南路
G205
G4211
宁芜线
宁安高铁
宁芜高速
北城河
东城河
西城河
青莲东路
太平府路
东关路
江东大道
提署中路
提署路
西苑北路
河滨中路
当博路
涂山大道
金柱塔
胡庄
当涂水上交通检查站
当涂渔业检查站
贾家滩
祥荣码头
排灌站
金塔村
宁芜线铁路大桥
排灌站闸口
当涂水文站
取水口
(G205)姑溪河路大桥
信号塔
西苑北路桥
顺华加油站
5
#01侧面标
#02侧面标
#03侧面标
当涂渔政
芮家渡
凌云公园
凌云塔
当涂二水厂取水口
取水口专用浮
凌云大桥
北陡门
焦家庄
宁安铁路桥
桥头
宁马高速桥
10
许家
瑞家村
沙尾坝
太白森林公园

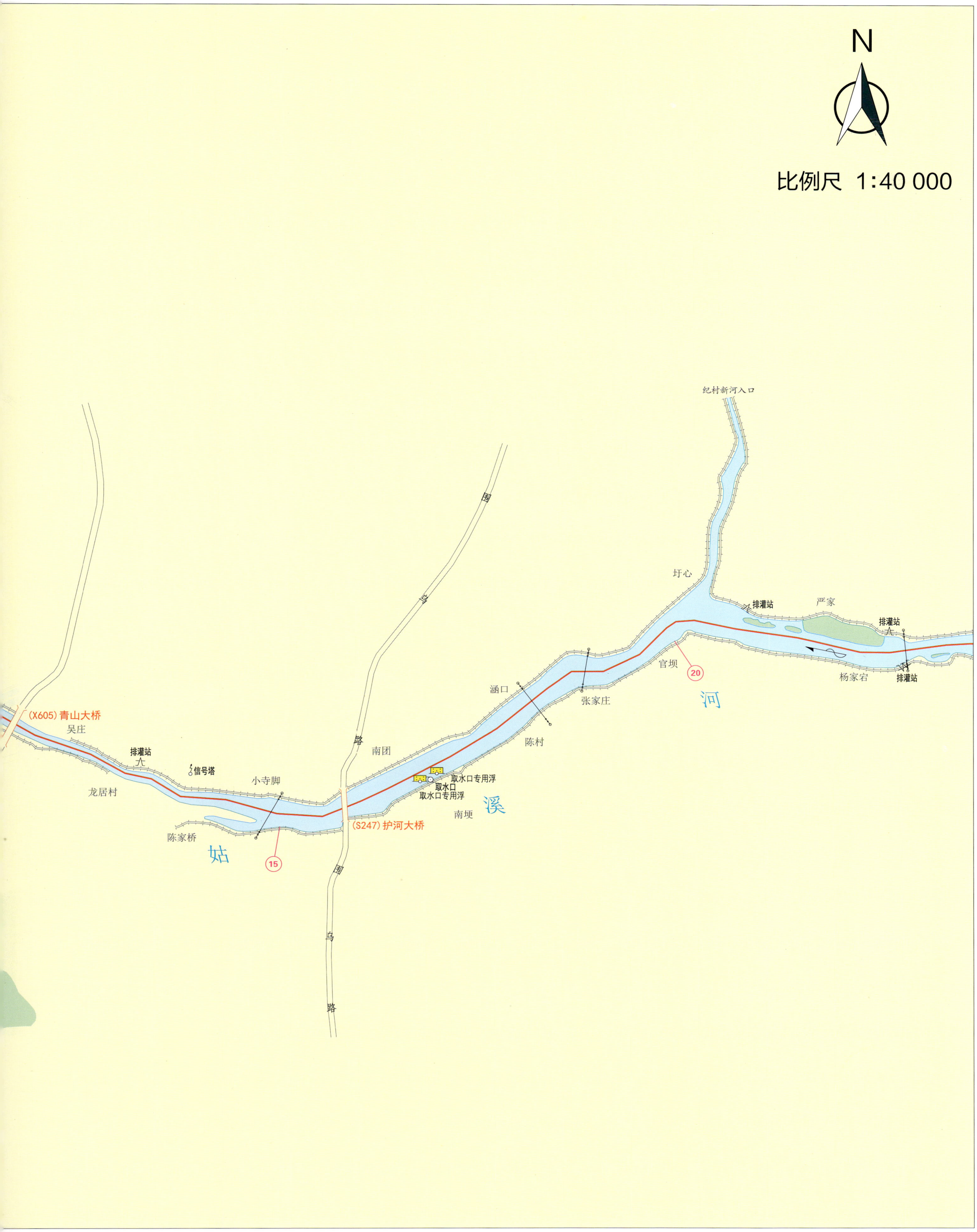
N
比例尺 1:40 000
纪村新河入口
圩心
排灌站
严家
排灌站
排灌站
杨家宕
官坝
20
河
涵口
张家庄
陈村
围
乌
路
(X605) 青山大桥
吴庄
排灌站
信号塔
小寺脚
龙居村
南团
取水口专用浮
取水口
取水口专用浮
南埂
溪
(S247) 护河大桥
陈家桥
姑
15
围
乌
路

N
比例尺 1:40 000
石臼湖
新博新圩
长兴圩
中心湖
湖阳大桥
#2侧面标
#4侧面标
排灌站
姑
溪
河
25
30
35
南埂
取水口
信号塔
河东
花津渡口
双禾村
水文观测站
新渔村

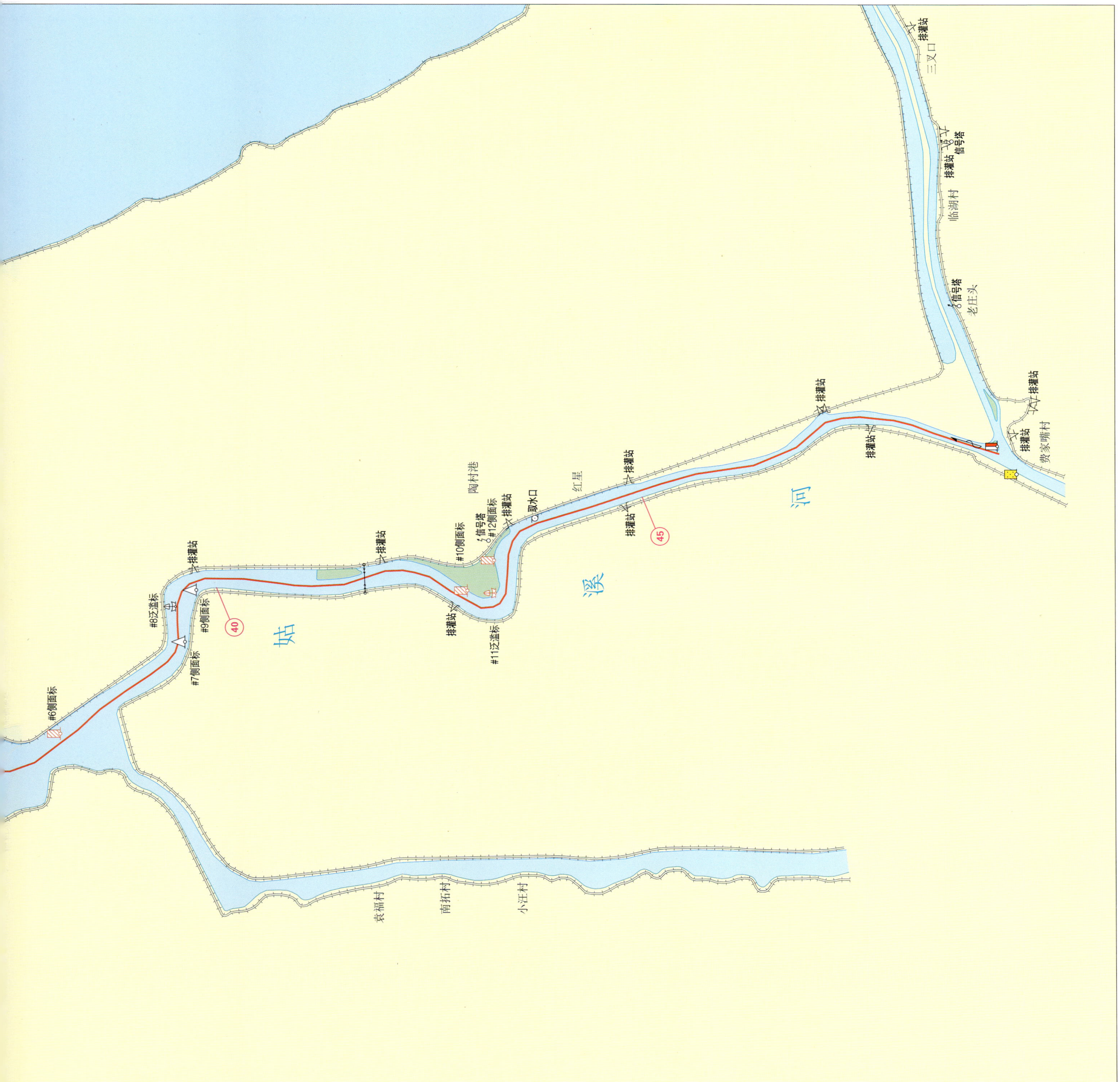
排灌站
三叉口
信号塔
临湖村
老庄头
费家嘴村
河
溪
姑
红星
陶村港
取水口
#12侧面标
#10侧面标
#11泛滥标
#9侧面标
#8泛滥标
#7侧面标
#6侧面标
40
45
袁福村
南拓村
小汪村

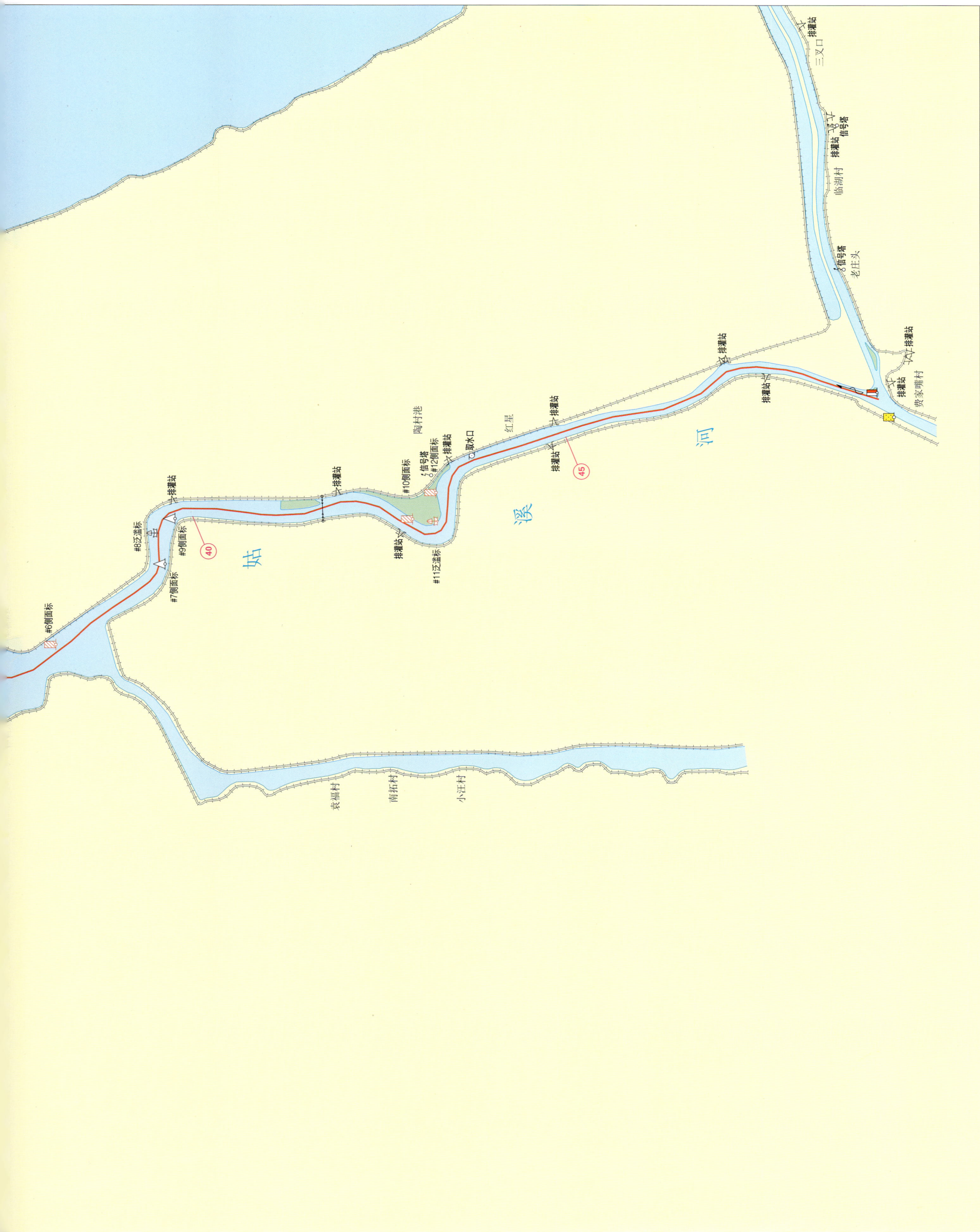

芜申运河入江口航行参考图

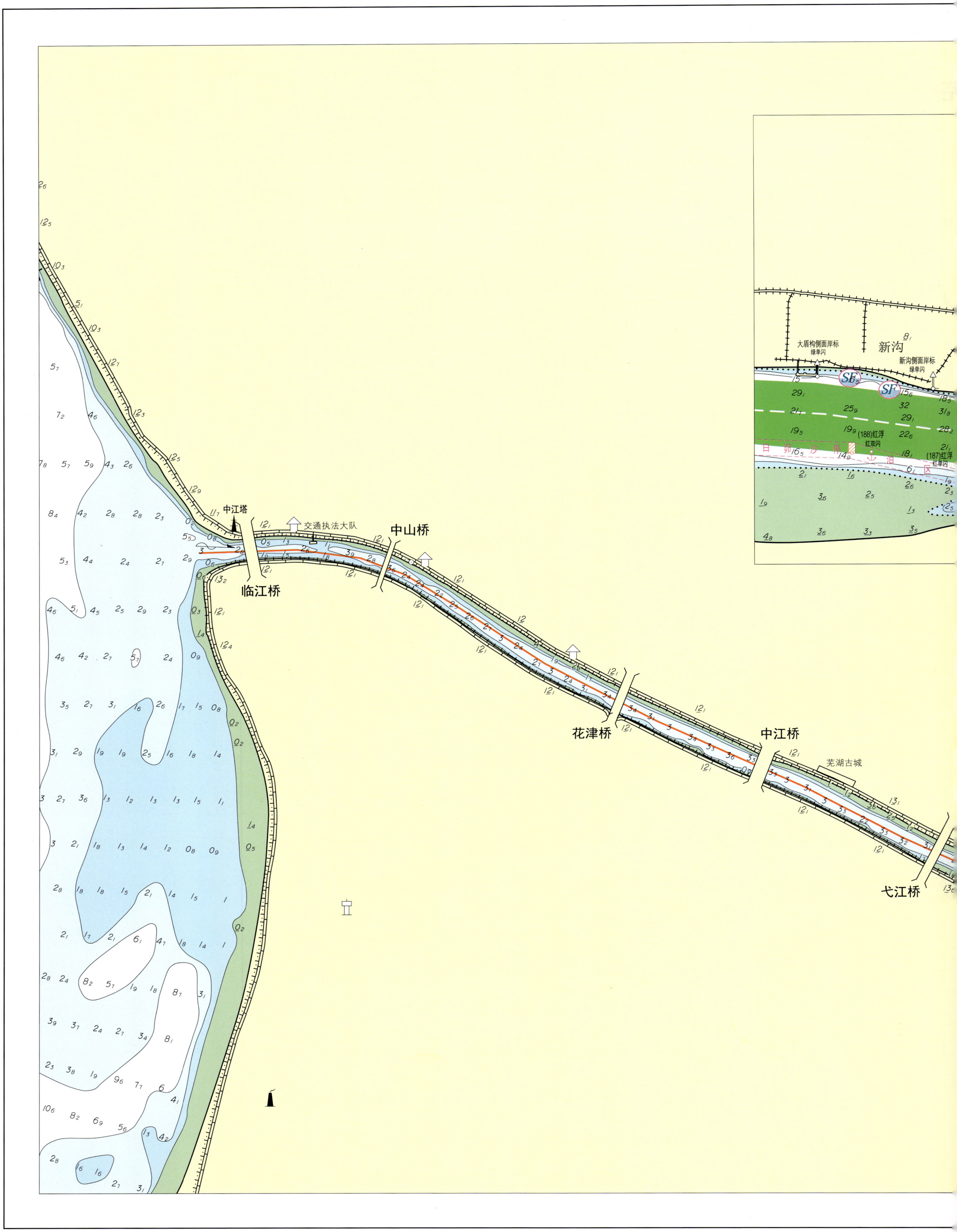

芜申运河与长江关系图

N

比例尺 1:10 000

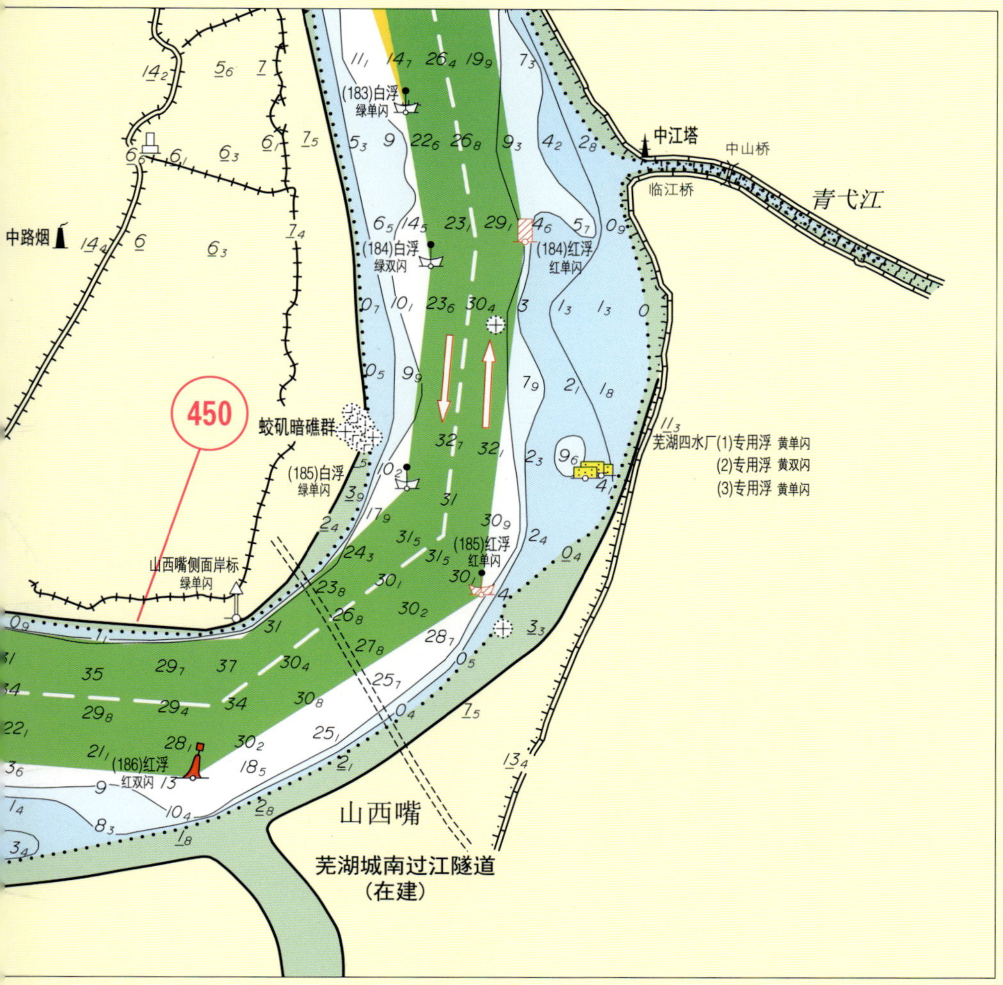

中江塔
中山桥
临江桥
青弋江
中路烟
450
蛟矶暗礁群
(183)白浮
绿单闪
(184)白浮
绿双闪
(184)红浮
红单闪
(185)白浮
绿单闪
(185)红浮
红单闪
(186)红浮
红双闪
芜湖四水厂(1)专用浮 黄单闪
(2)专用浮 黄双闪
(3)专用浮 黄单闪
山西嘴侧面岸标
绿单闪
山西嘴
芜湖城南过江隧道
(在建)

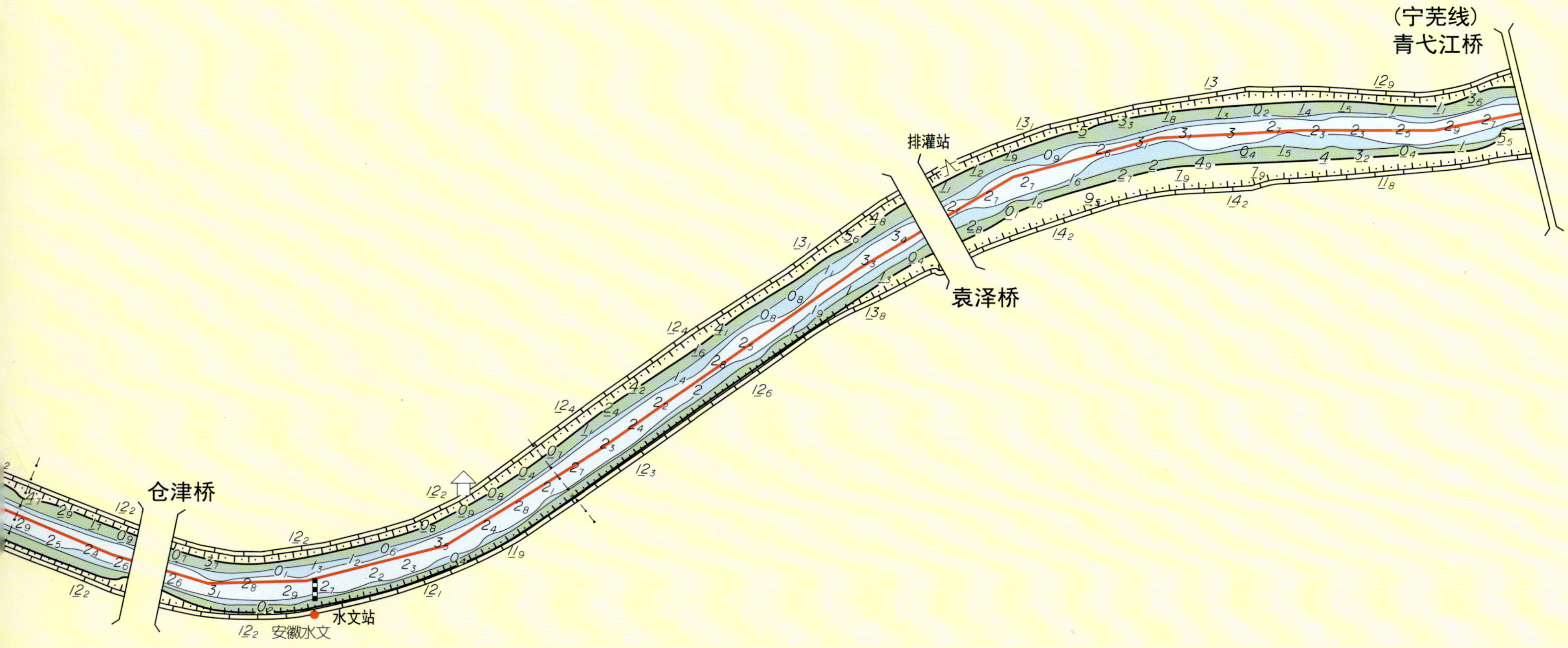

(宁芜线)
青弋江桥
排灌站
袁泽桥
仓津桥
水文站
安徽水文

绘图深度基准:采用入江口处1971年版当地航行基准面
测量日期:2022年6月8日
测时水位:7.28米至7.31米

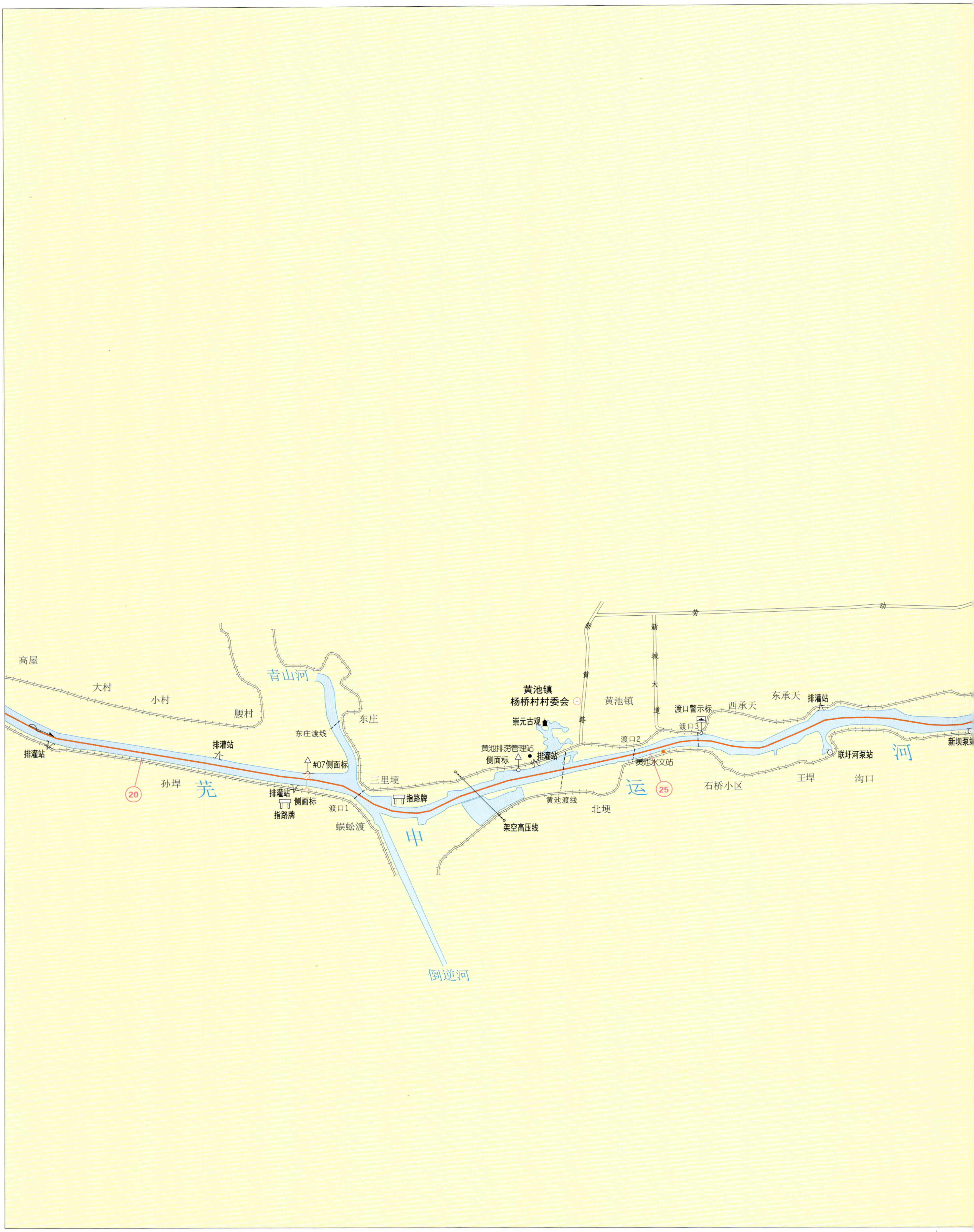
高屋
大村
小村
腰村
青山河
东庄
东庄渡线
排灌站
排灌站
#07侧面标
孙埠
芜
20
排灌站
侧面标
指路牌
渡口1
蜈蚣渡
三里埂
指路牌
申
倒逆河
架空高压线
黄池镇
杨桥村村委会
崇元古观
黄池排涝管理站
侧面标
排灌站
黄池渡线
北埂
新黄路
新城大道
劳动
黄池镇
渡口2
黄池水文站
运
25
渡口警示标
渡口3
西承天
东承天
排灌站
石桥小区
王埠
沟口
联圩河泵站
河
新坝泵站

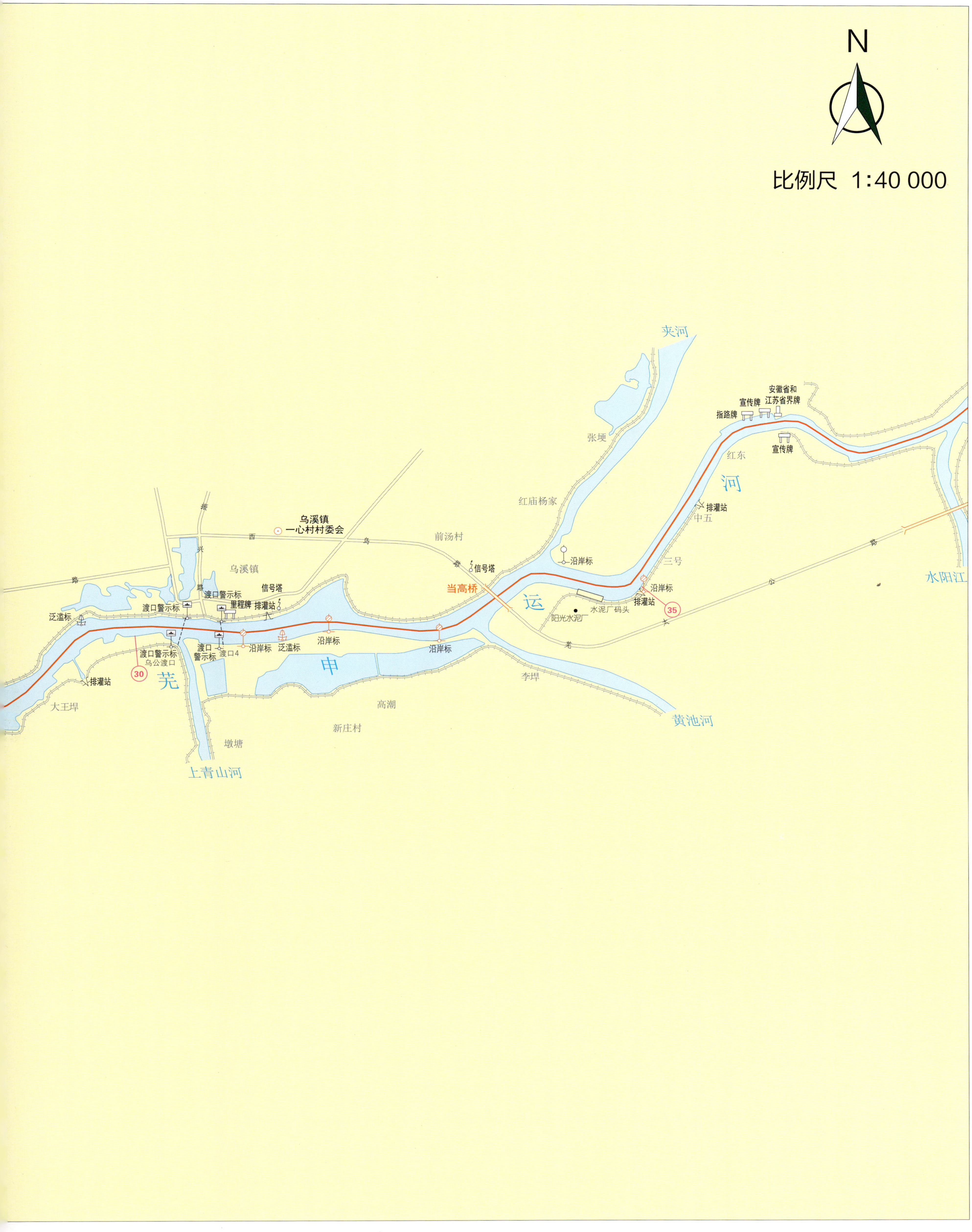
N
比例尺 1:40 000
夹河
安徽省和
江苏省界牌
宣传牌
指路牌
宣传牌
张埂
红东
河
红庙杨家
排灌站
中五
乌溪镇
一心村村委会
前汤村
信号塔
沿岸标
三号
水阳江
当高桥
沿岸标
排灌站
35
运
水泥厂码头
阳光水泥厂
乌溪镇
信号塔
渡口警示标
里程牌
排灌站
泛滥标
渡口警示标
沿岸标
渡口
警示标
渡口4
沿岸标
泛滥标
沿岸标
沿岸标
渡口警示标
乌公渡口
30
芜
申
排灌站
大王埠
李埠
高湖
新庄村
墩塘
上青山河
黄池河

长
江
芜
申
运
河
中江塔
交通执法大队
临江桥
限高线
中山桥
宣传牌
指路牌
新安花园
花津桥
沿河小区
芜湖古城
三潭公园
江岸明珠
森海
都市花园
中江桥
弋江桥
仓津桥
下穿管线
水文站
安徽水文
东方海伦堡
融汇锦江
绿地新里海顿公馆
棠梅园
(宁芜线)
青弋江桥
排灌站
袁泽桥
印江澜
松韵园
金泽苑
天琴湾
楚江府第
中江新村
奥韵康城
沐春园
瑞东园
新里伊
顿公馆
镜湖世纪城A
广济桥
新青弋江桥
架空高压线
取水口
架空高架线
荆山河
荆山花
宁安客运专线
1号轻轨线
宁芜铁路
中江大道
黄山路
九华中路
九华南路
长江中路
长江南路
北京中路
弋江路

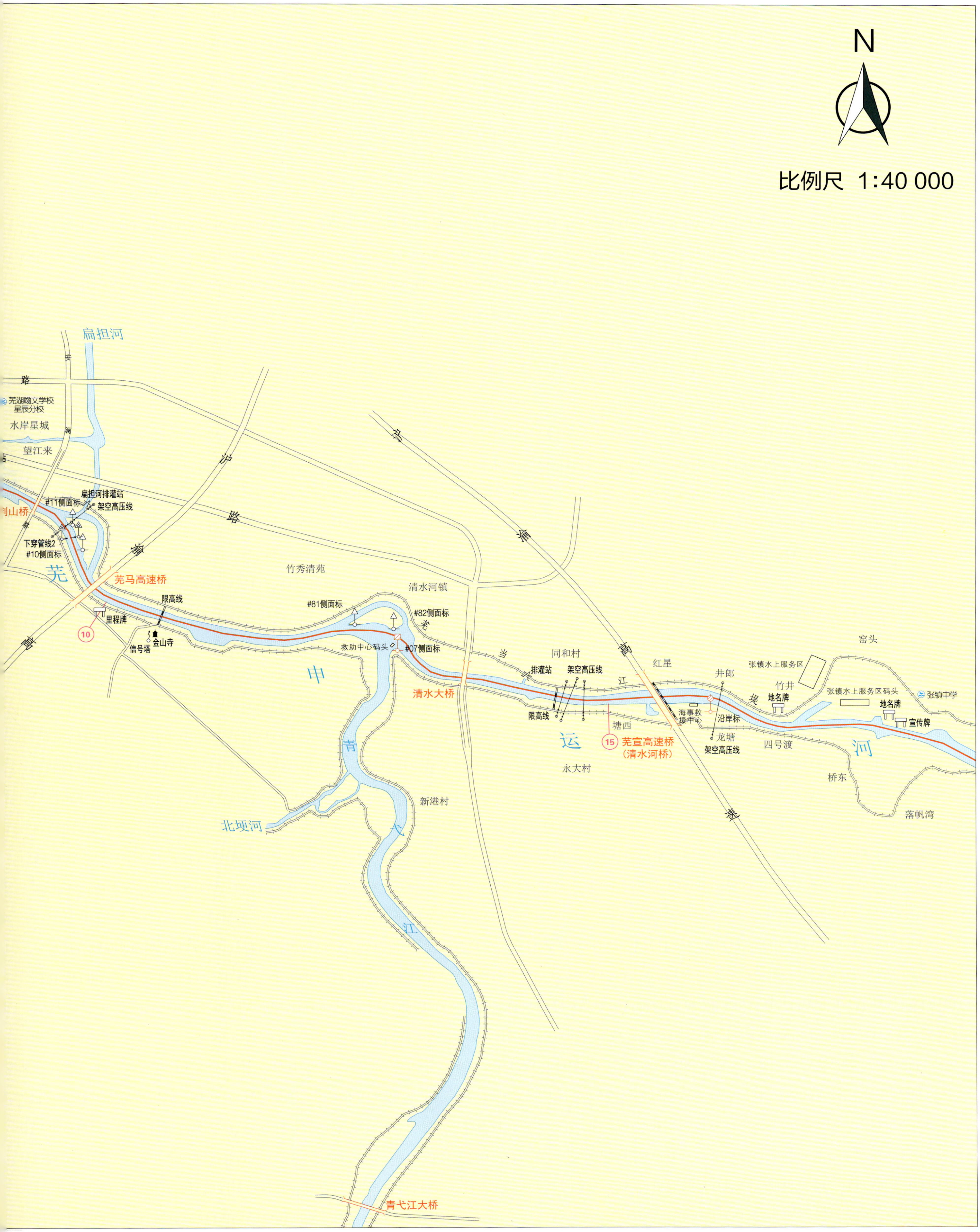
N
比例尺 1:40 000
扁担河
路
芜湖翰文学校
星辰分校
水岸星城
望江来
扁担河排灌站
#11侧面标
架空高压线
下穿管线2
#10侧面标
芜
芜马高速桥
沪
路
渝
高
竹秀清苑
限高线
里程牌
10
金山寺
信号塔
#81侧面标
清水河镇
#82侧面标
救助中心码头
#07侧面标
申
同和村
排灌站
架空高压线
清水大桥
限高线
宁
宣
杭
红星
井郎
江
堤
塘西
运
15
芜宣高速桥
(清水河桥)
永大村
海事救援中心
沿岸标
龙塘
架空高压线
四号渡
竹井
地名牌
张镇水上服务区
窑头
张镇水上服务区码头
地名牌
张镇中学
宣传牌
河
桥东
落帆湾
青
北埂河
新港村
弋
江
青弋江大桥

裕溪河入江口航行参考图

淮南线铁路桥
裕溪河口示位标
船员接送点
发射塔
裕溪河#1侧面标
裕溪河下游锚地
泄洪区域
船闸管理区
N
比例尺 1:10 000

裕溪河口与长江关系图

绘图深度基准：采用入江口处1971年版当地航行基准面
测量日期：2022年6月1日
测时水位：6.18米至6.38米

裕溪闸公路桥
（裕溪河船闸）

淮南铁路二桥

通江大道北延线桥

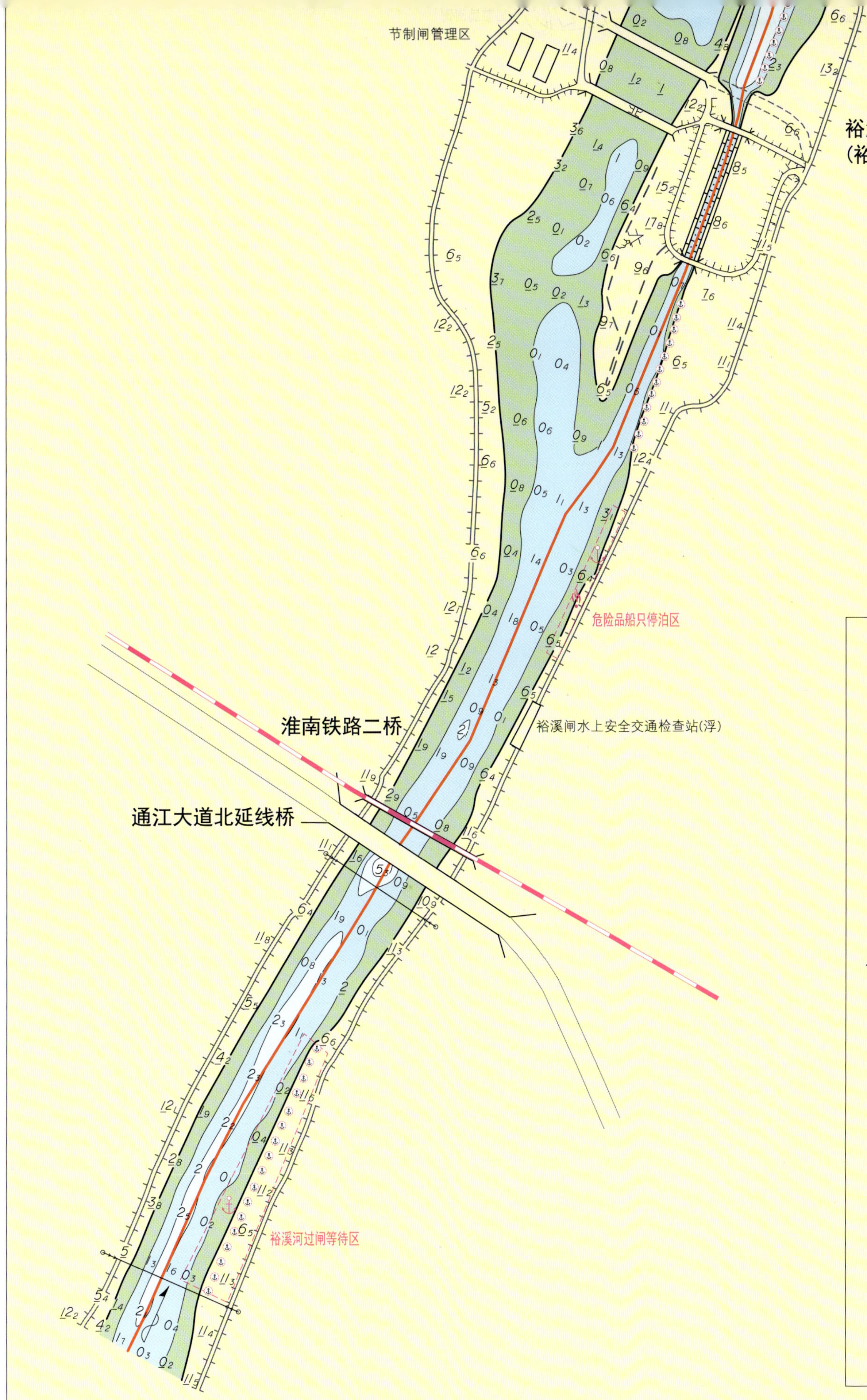

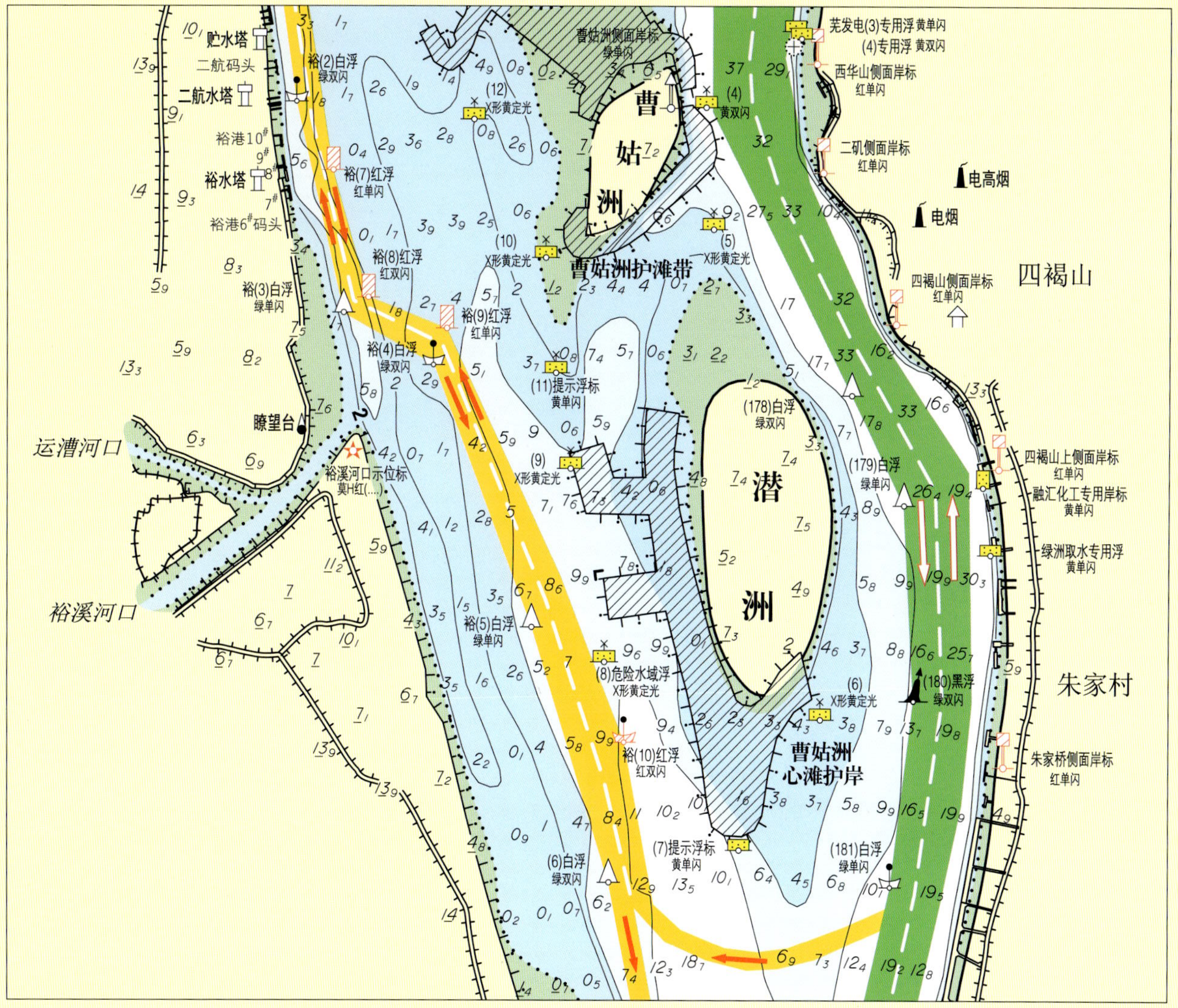

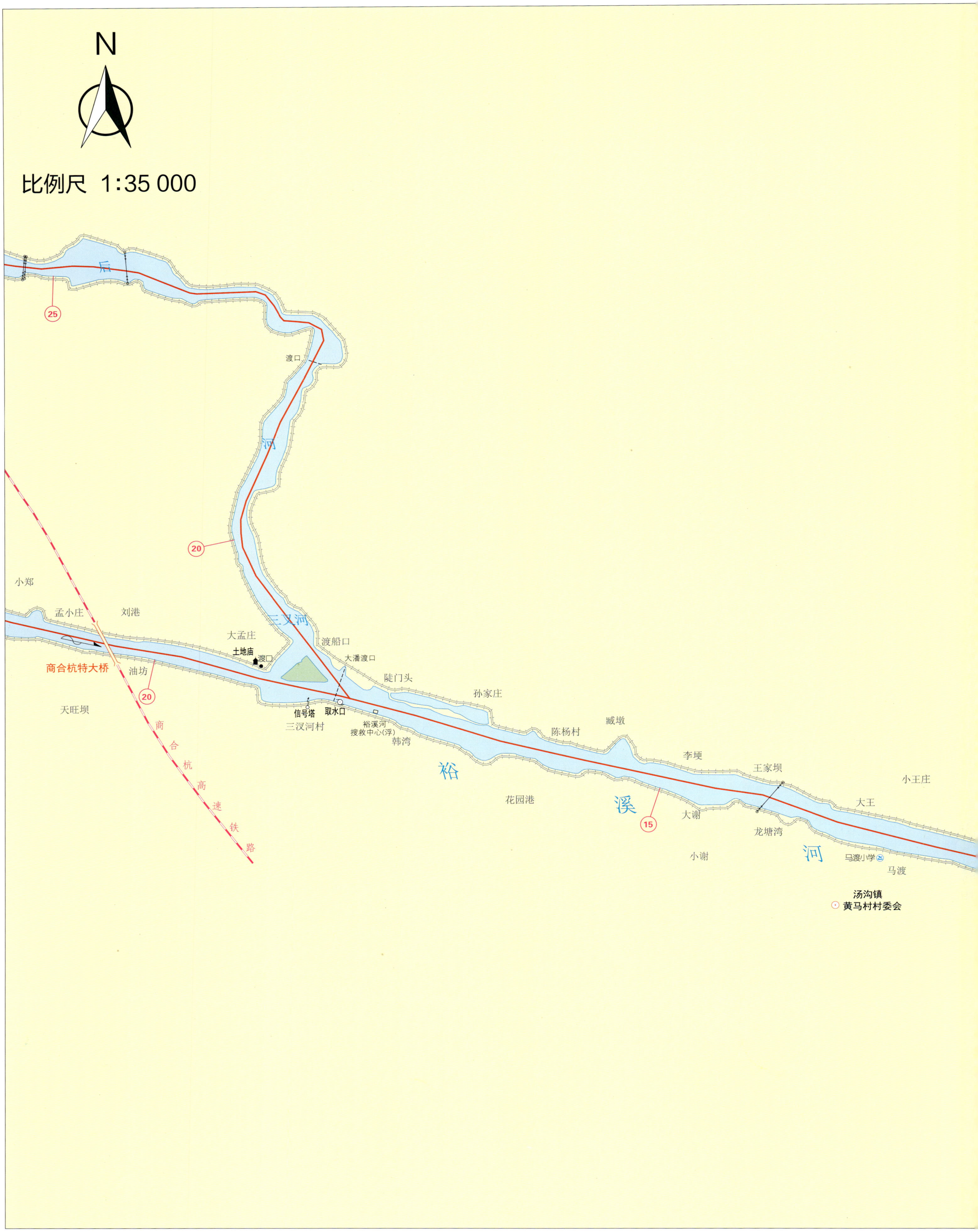
N
比例尺 1:35 000
后
河
25
渡口
20
小郑
孟小庄
刘港
三汊河
大孟庄
土地庙
渡口
渡船口
大潘渡口
陡门头
孙家庄
商合杭特大桥
油坊
20
天旺坝
信号塔
取水口
三汊河村
裕溪河
搜救中心(浮)
韩湾
陈杨村
臧墩
商合杭高速铁路
裕
溪
河
花园港
15
李埂
王家坝
大谢
龙塘湾
小谢
小王庄
大王
马渡小学
马渡
汤沟镇
黄马村村委会

长江
发射塔
船员接送点
裕溪口镇
裕溪河口示位标
莫H红(....)
雍镇村
裕溪河#1侧面岸标
白单闪
杰来裕溪码头
裕溪河下游锚地
淮南线铁路桥
官棚
堤
大
刘村
河滩村
为
裕
泄洪区域
邹墩
无
小号
船闸管理区
渡口
徐墩
节制闸管理区
裕溪船闸公路桥
(裕溪河船闸)
军施村
溪
危险品船只停泊区
通江大道
小张
裕溪闸水上安全交通检查站(浮)
通江大道北延线桥
淮南铁路二桥
东合高速
5
大张
大肖
裕溪河过闸
等待区
马渡
发射塔
G5011公路桥
运漕河
圩五
赵埂
小万
千棵柳
老埂
取水口
河
姚庄
高埂头
新埂
大埂
万河口
小庄
观寺
童家村
雍南渡口
雍镇初中
10
通江大道
陶圩村
安固村
发射塔
雍南村
石墩
发射塔
盛世华府

裕溪河（中段）

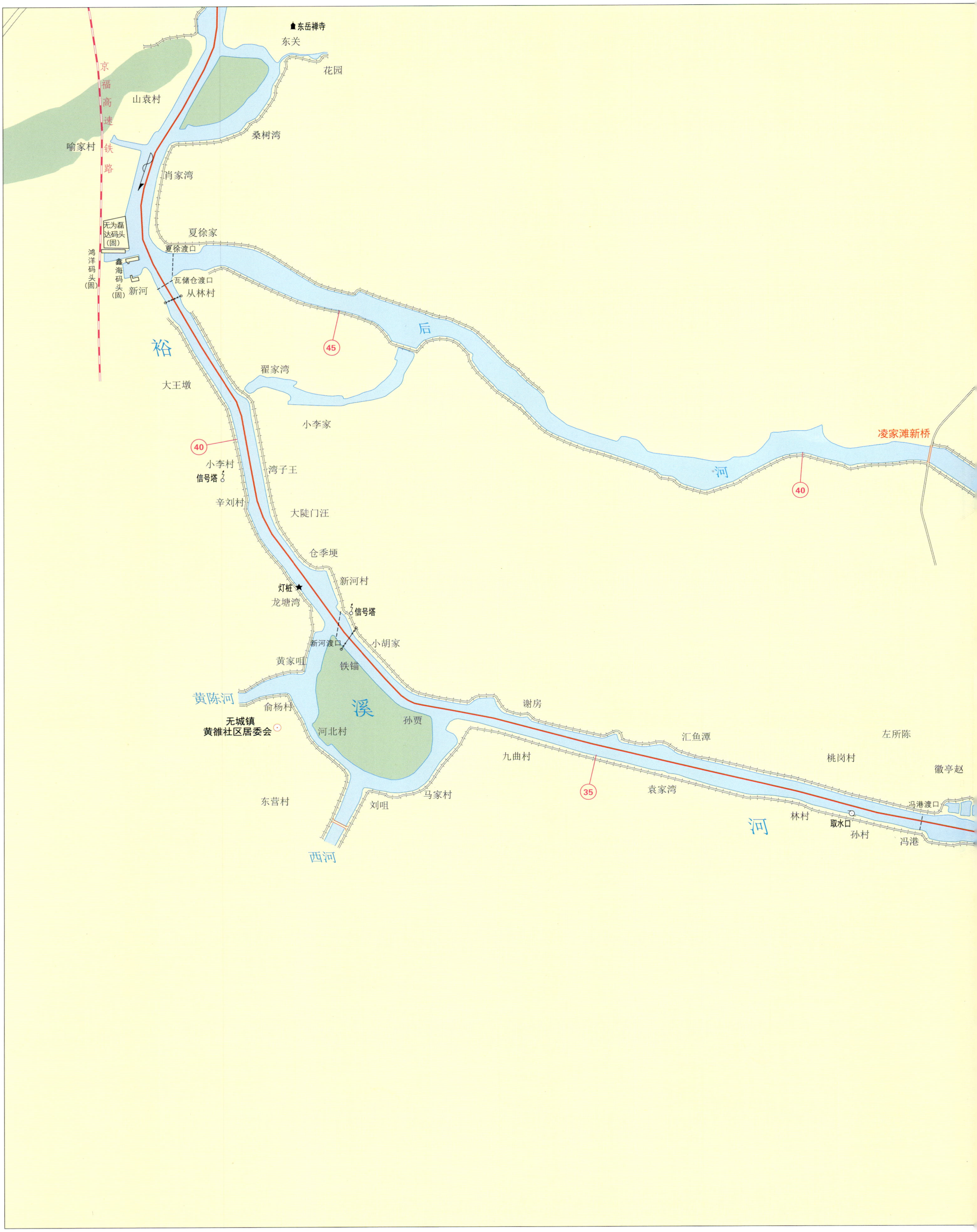
东岳禅寺
东关
花园
京福高速铁路
山袁村
桑树湾
喻家村
肖家湾
无为磊达码头（固）
夏徐家
夏徐渡口
鸿洋码头（固）
鑫海码头（固）
新河
瓦储仓渡口
从林村
后
45
裕
翟家湾
大王墩
小李家
凌家滩新桥
40
小李村
信号塔
湾子王
河
辛刘村
大陡门汪
仓季埂
新河村
灯桩
龙塘湾
信号塔
新河渡口
小胡家
黄家咀
铁锚
黄陈河
谢房
俞杨村
溪
孙贾
无城镇
黄雒社区居委会
河北村
汇鱼潭
左所陈
九曲村
桃岗村
徽亭赵
35
袁家湾
马家村
东营村
刘咀
冯港渡口
河
林村
取水口
孙村
冯港
西河

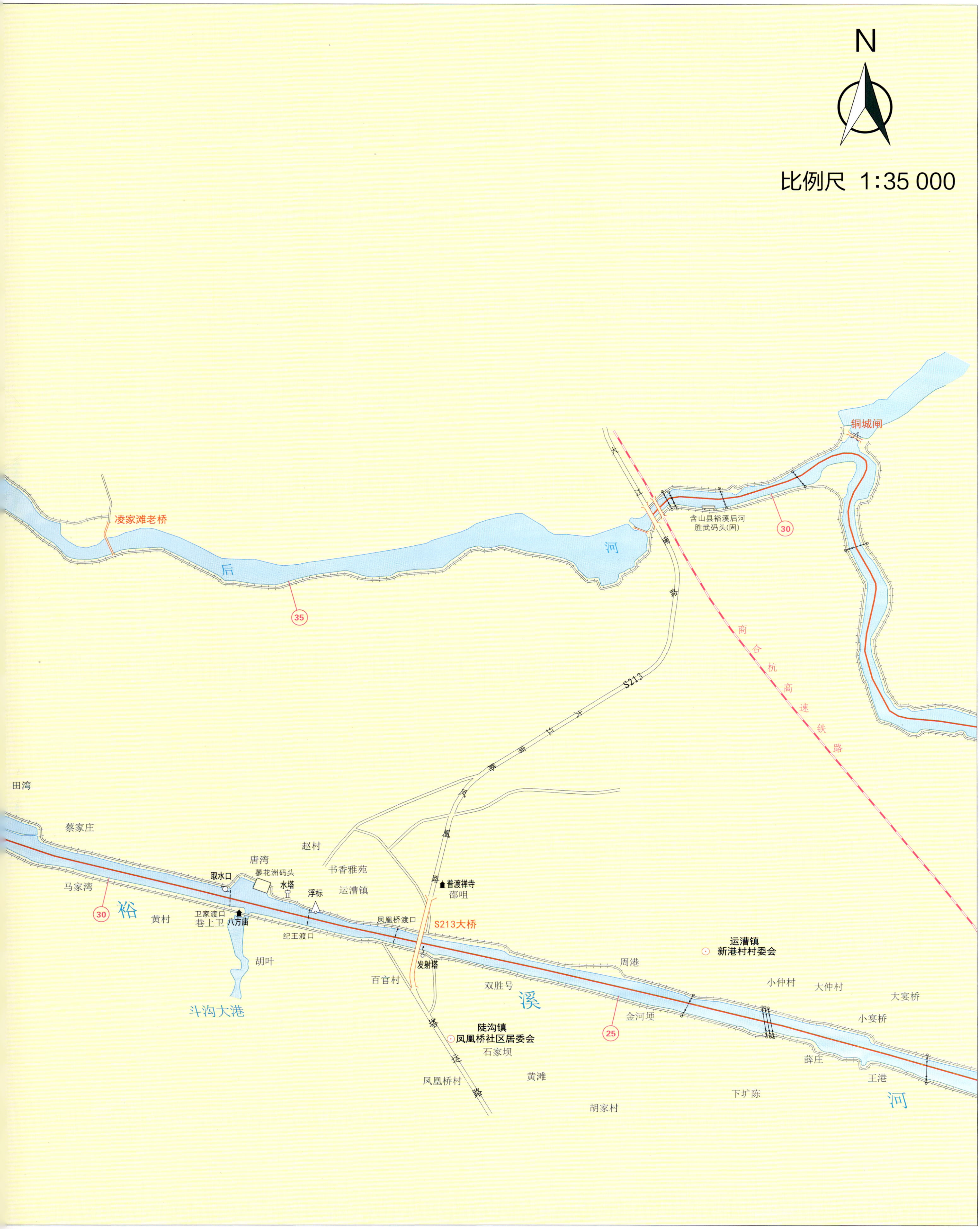
N
比例尺 1:35 000
铜城闸
凌家滩老桥
后
河
35
大江南路
含山县裕溪后河
胜武码头(固)
30
商合杭高速铁路
S213
田湾
蔡家庄
赵村
唐湾
蓼花洲码头
取水口
水塔
浮标
书香雅苑
运漕镇
普渡禅寺
邵咀
马家湾
30
裕
黄村
卫家渡口
巷上卫
八方庙
纪王渡口
凤凰桥渡口
S213大桥
发射塔
运漕镇
新港村村委会
胡叶
百官村
周港
小仲村
大仲村
大宴桥
双胜号
溪
金河埂
小宴桥
斗沟大港
陡沟镇
凤凰桥社区居委会
25
石家坝
薛庄
王港
凤凰桥村
黄滩
下圹陈
河
胡家村
塔运路

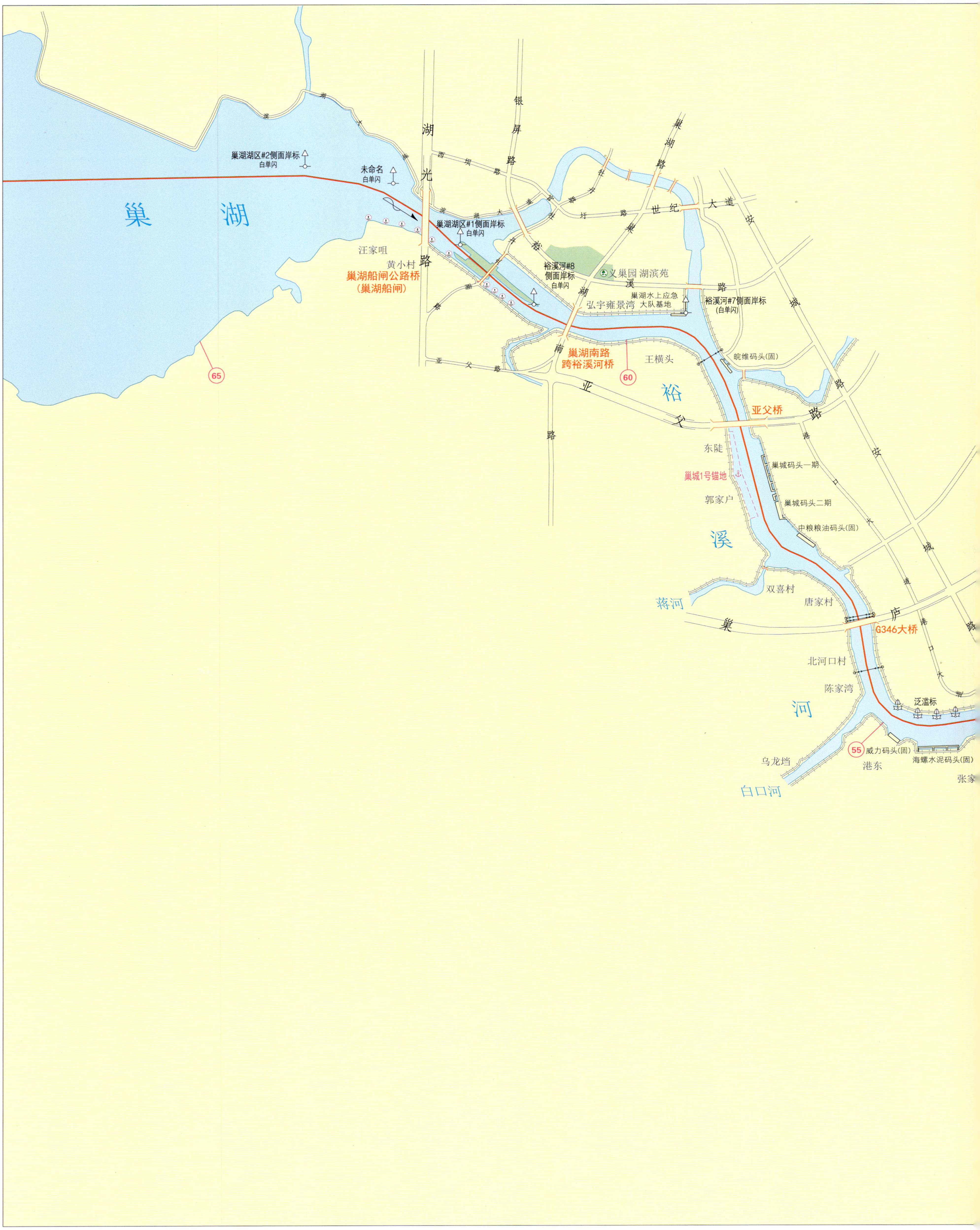
巢湖
巢湖湖区#2侧面岸标
白单闪
未命名
白单闪
巢湖湖区#1侧面岸标
白单闪
汪家咀
黄小村
巢湖船闸公路桥
(巢湖船闸)
湖光路
银屏路
巢湖路
世纪大道
安城路
裕溪河#8
侧面岸标
白单闪
巢园湖滨苑
弘宇雍景湾
巢湖水上应急
大队基地
裕溪河#7侧面岸标
(白单闪)
巢湖南路
巢湖南路
跨裕溪河桥
王横头
65
60
皖维码头(固)
亚父路
亚父桥
裕溪河
东陡
巢城1号锚地
郭家户
巢城码头一期
巢城码头二期
中粮粮油码头(固)
蒋河
双喜村
唐家村
巢庐路
G346大桥
北河口村
陈家湾
泛滥标
55
威力码头(固)
海螺水泥码头(固)
港东
乌龙垱
白口河
张家

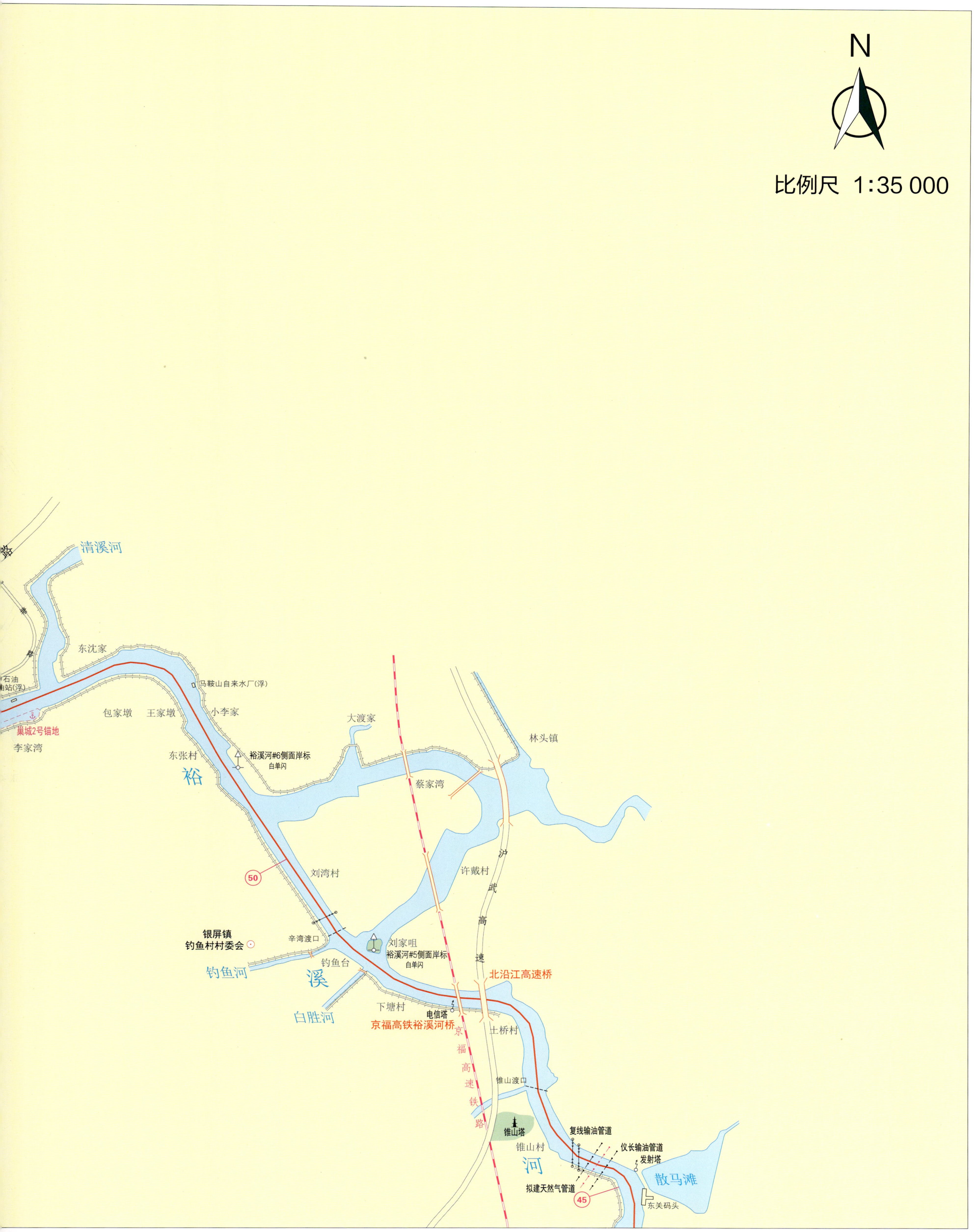
N
比例尺 1:35 000
清溪河
路
东沈家
马鞍山自来水厂(浮)
包家墩
王家墩
小李家
巢城2号锚地
李家湾
大渡家
林头镇
东张村
裕溪河#6侧面岸标
白单闪
裕
蔡家湾
刘湾村
许戴村
沪
武
高
速
50
银屏镇
钓鱼村村委会
辛湾渡口
刘家咀
裕溪河#5侧面岸标
白单闪
钓鱼台
钓鱼河
溪
北沿江高速桥
白胜河
下塘村
电信塔
京福高铁裕溪河桥
京
福
高
速
铁
路
土桥村
锥山渡口
锥山塔
复线输油管道
锥山村
仪长输油管道
发射塔
河
散马滩
拟建天然气管道
45
东关码头

皖河入江口航行参考图(石门湖段)

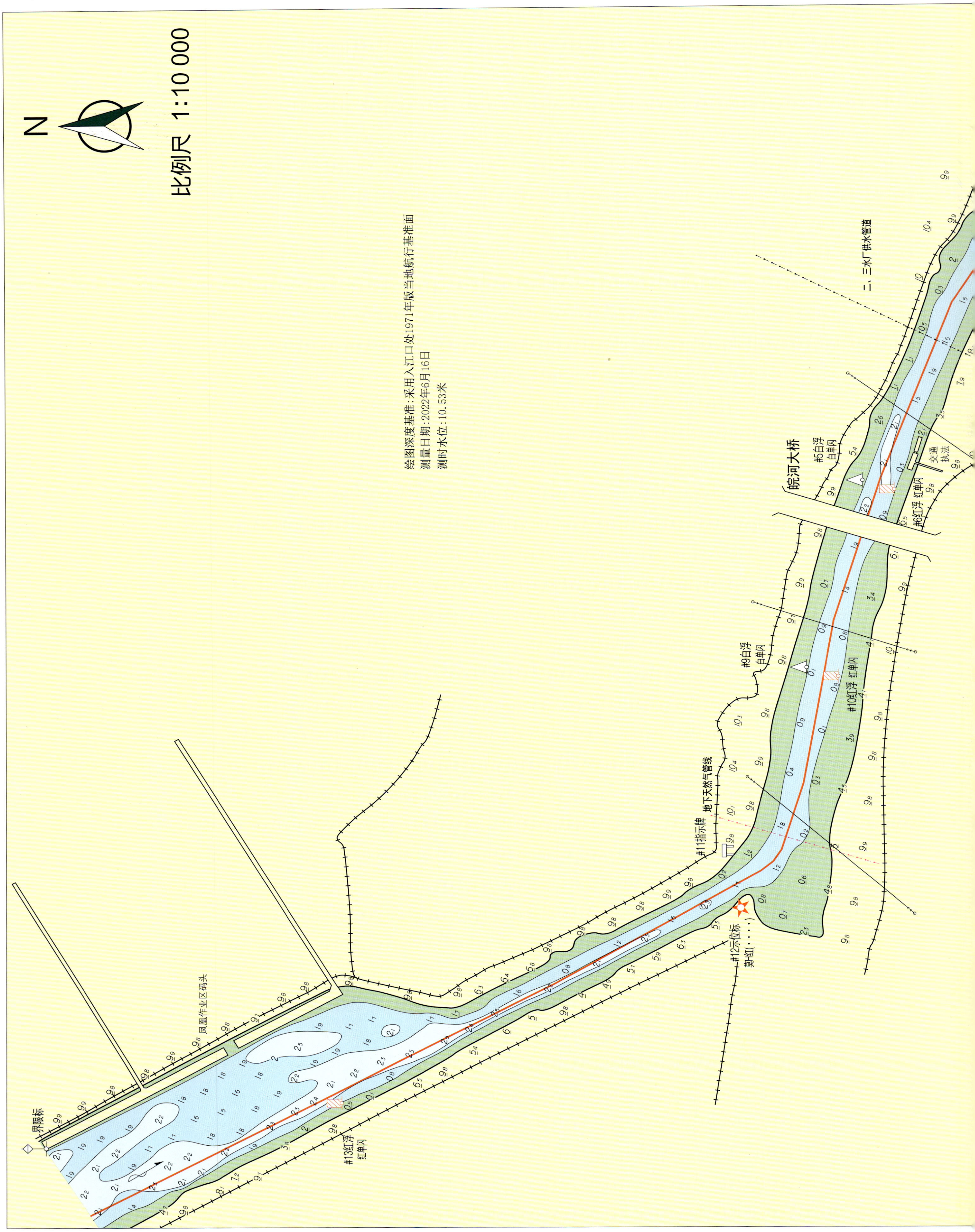
N
比例尺 1:10 000
绘图深度基准：采用入江口处1971年版当地航行基准面
测量日期：2022年6月16日
测时水位：10.53米
皖河大桥
二、三水厂供水管道
交通执法
#5白浮 白单闪
#6红浮 红单闪
#9白浮 白单闪
#10红浮 红单闪
#11指示牌
地下天然气管线
#12示位标 莫红(····)
#13红浮 红单闪
界限标
凤凰作业区码头

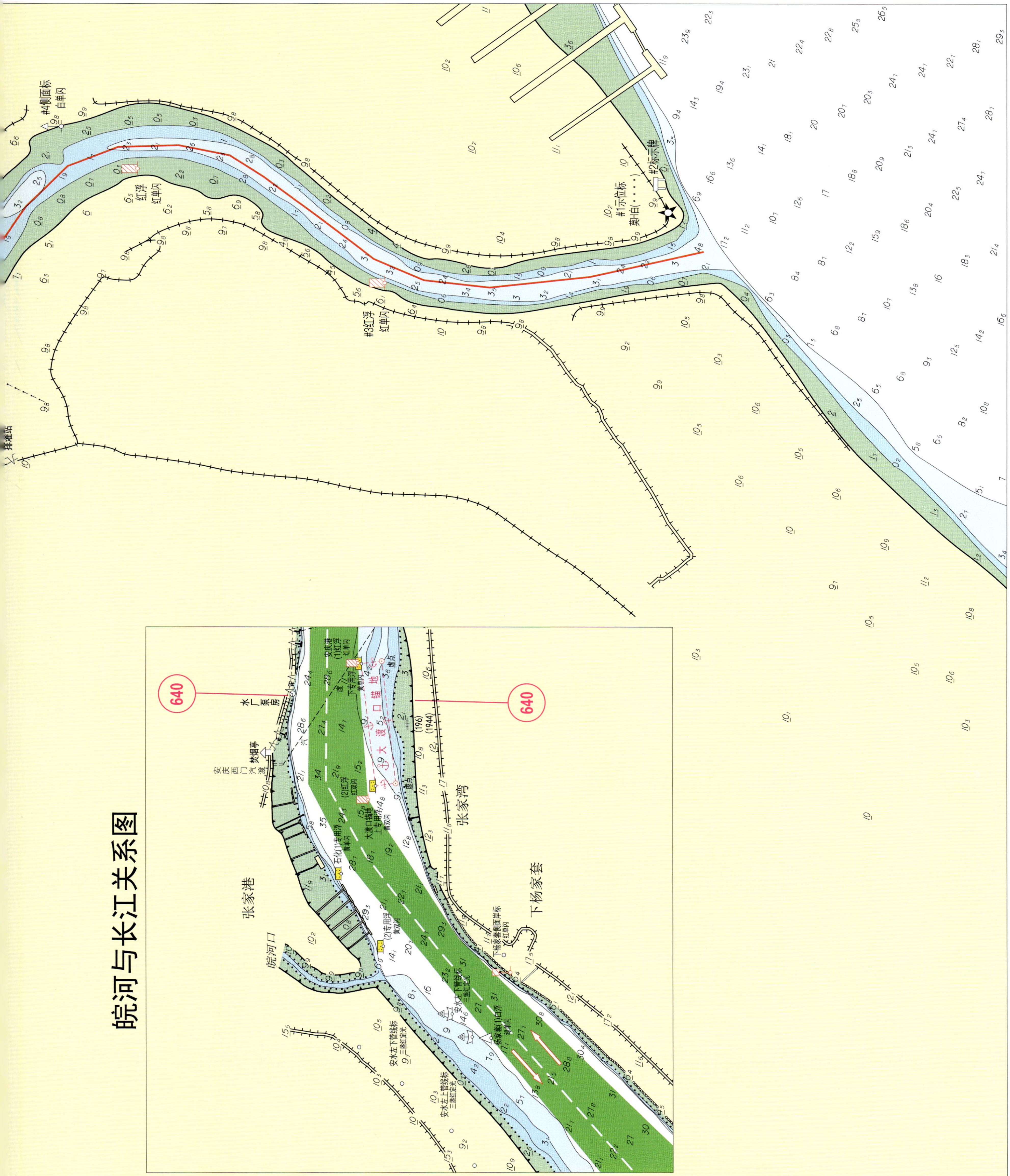
皖河与长江关系图
640
张家港
张家湾
下杨家套
皖河口
#4侧面标
白单闪
红浮
红单闪
#3红浮
#1示位标
#2标示牌
排灌站

皖河(石门湖段)

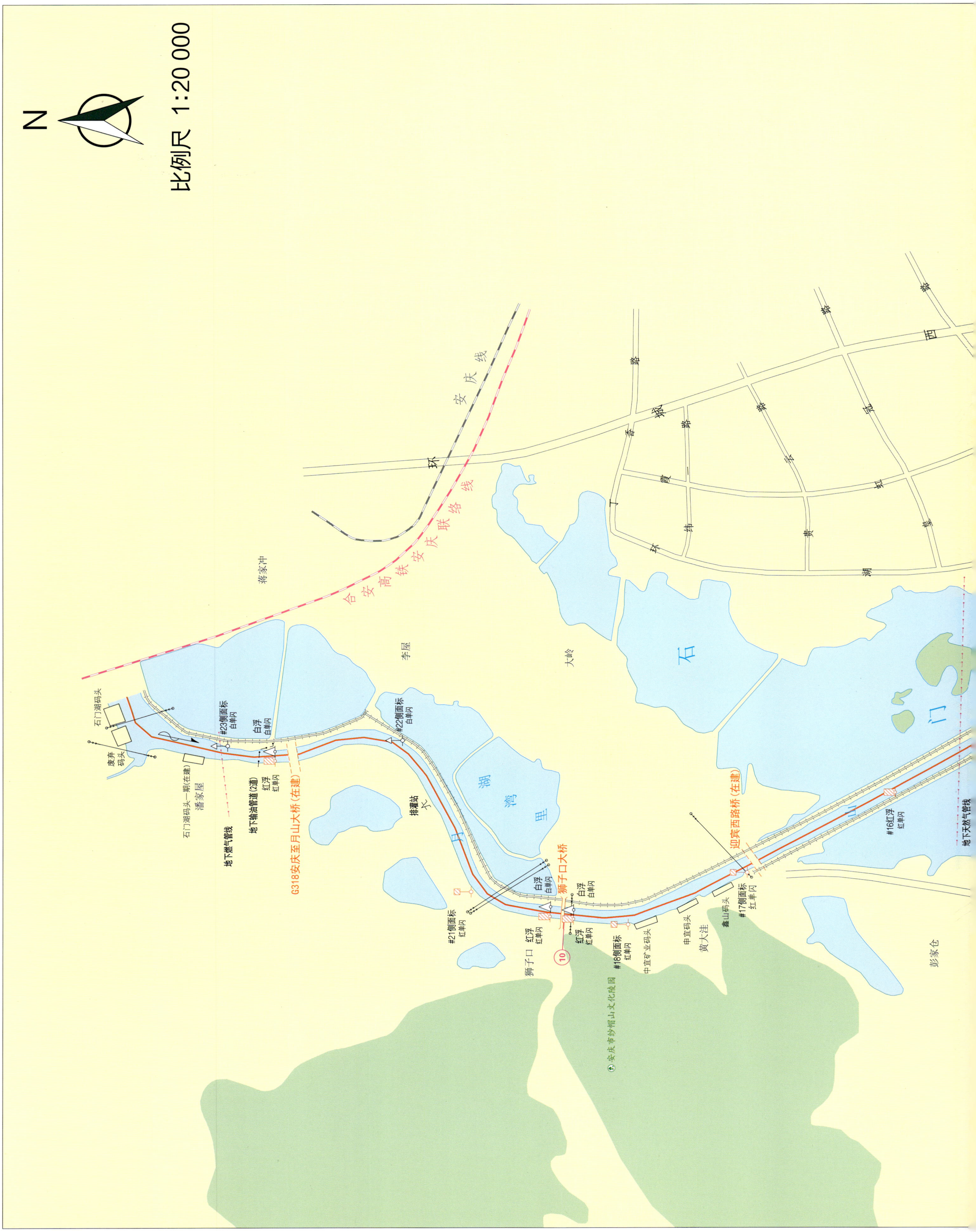
N
比例尺 1:20 000
安庆线
合安高铁安庆联络线
蒋家冲
李屋
大岭
石
门
石门湖码头
废弃码头
#23侧面标 白单闪
白浮 白单闪
#22侧面标 白单闪
石门湖码头一期(在建)
潘家屋
地下燃气管线
地下输油管道(2道)
红浮 红单闪
G318安庆至月山大桥(在建)
排灌站
狮子口大桥
白浮 白单闪
#21侧面标 红单闪
狮子口
红浮 红单闪
#18侧面标 红单闪
中宜矿业码头
申宜码头
黄大洼
鑫山码头
#17侧面标 红单闪
迎宾西路桥(在建)
#16红浮 红单闪
地下天然气管线
彭家仓
10